# 홀로도모르 리포트

Holodomor Report from Mr. Jones

♥지구라트는 〈아라한〉의 인문 브랜드입니다.
♥오탈자, 번역 수정에 관한 제안은 arahanbook@naver.com 이나
zikkurat@naver.com으로 보내주시면 검토 후 반영하겠습니다.

Holodomor Report from Mr. Jones

# 홀로도모르

## 리포트

### 우크라이나 대기근 최초 보도

가레스 존스 지음 l 정탄 옮김

지쿠라트

## 차례

**제1장  기사 1**

　　토지 몰수와 가축 도살...5

**제2장  1931년 소련 일지**

　　서문...14

　　소련행 배에 오르다...17

　　레닌그라드, 소비생활...29

　　월터 듀란티와의 만남...53

　　레닌 부인, 크룹스카야와의 만남...69

　　볼가 강 선상에서 만난 사람들...78

　　콜호스(집단농장)...86

　　트랙터 공장...98

　　귀국길...104

**제3장  1933년 우크라이나 일지...106**

**제4장  기사 2**

　　빵이 없다...128

　　우크라이나 대기근...139

**제5장  짧지만 강렬한 저널리즘의 표상**

　　가레스 존스의 생애...149

# 기사1

《웨스턴 메일The Western Mail》
1933년 4월 8일자

## 토지 몰수와 가축 도살

### ✝✝✝

## 농민들 감자와 소여물로 연명하다

### 미스터 가레스 죤스

지금 소련은 1921년보다 훨씬 더 광범위한 기아가 엄습해 있다. 12년 전의 굶주림은 볼가 강 유역과 일부 지역에 국한되었으나 지금의 굶주림은 우크라이나, 북부 캅카스<sup>North Caucasus</sup>, 볼가 강 일대, 중앙아시아, 시베리아 사실상 소련 전역을 유린하고 있다. 나는 이들 지역의 농민이나 목격자들과 얘기를 나누었는데 그들이 전한 내용은 한결같았다. 남아있는 빵이 거의 없어서 농민들은 감자와 소여물로 연명하고 있으며 이마저도 없는 경우엔 아사하고 있다.

내가 방문한 세 곳의 농경지역 요컨대 모스코바 지역, 중앙 흑토 지대, 북부 우크라이나에서 방문한 마을 20군데 어디에도 빵이 남아있지 않았다. 거의 모든 마을에서 농민들이 아사하고 있었다.

심지어 모스크바에서 30킬로미터만 벗어나도 빵이 없었다. 내가 이 모스크바 인근 마을들을 다니는 동안 주민들은 이렇게 말했다. "끔찍해요. 빵이 없어요. 모두가 모스크바로 가보지만 4파운드소련의 파운드는 영국 파운드의 4분의 3에 해당한다—저자까지만 얻을 수 있어요. 그것도 1킬로그램에 3루블을 줘야 해요. 가난한 가족은 어떻게 살란 말인가요?"

지난해 날씨가 이상적으로 좋았다. 기상조건은 지난 몇 년간 소비에트 정부를 축복했다. 그런데 왜 이런 재앙이 벌어진 걸까? 우선, 농민의 70퍼센트가 자신의 농지를 몰수당함으로써 일할 동기를 완전히 상실한 것을 첫째 요인으로 들 수 있다. 웨일스 농부의 피를 타고 난 사람이라면 누구나 농부나 농민이 자신의 농지를 빼앗긴다는 것이 무슨 의미인지 이해할 것이다. 지난해 농민들은 농작물의 거의 전부를 강제징발로 빼앗겨서 정작 자신과 가족들을 위하여 남은 것이 없었다. 스탈린의 공업화 5개년 계획 아래서 소비에트 정부는 토지를 공유하고 트랙터로 운영되는 거대한 집단농장(콜호스)을 만드는데 집중했다. 그러나 소련과 웨일스의 농민은 한 가지 점에서 다르지 않다. 자신의 농지를 원하고 그것을 빼앗긴다면 일하지 않는다는 것이다.

둘째 요인은 농민들로부터 소를 몰수한 것이다. 베일 오브 글러모건 주<sup>Vale of Glamorgan, 웨일스 남동부의 자치시—옮긴이</sup> 아니면 카디건셔 주<sup>Cardiganshire, 웨일스 서부의 주—옮긴이</sup>에서 시의회가 농부의 소를 몰수한다고 상상해 보라! 이렇게 몰수한 소들은 집단농장에서 공동소유하고 공동으로 돌본다고 한다. 소의 상당수는 대규모 국영 공장식 축산장으로 보내지기도 한다.

곡물을 징발당하는 쿨라크, 1933년

이 정책의 결과, 농민들은 자신의 재산을 아무 대가도 받지 못한 채 헌납하길 원치 않았기에 차라리 자기 손으로 소를 도살하는 일이 광범위하게 벌어졌다. 게다가 준비가 부족했던 국영 축산장의 경우, 축사가 충분히 구비되지 않은 상태여서 무수한 가축들이 외부환경에 노출되고 전염병에 걸려서 죽어갔다. 말은 여물이 부족해 죽었다. 소비에트 연방의 가축은 현재 지나치게 감소된 상태라 1928년 수준을 회복하는데도 1945년에 가서야 가능하다는 전망이다. 물론 이 전제에는 소를 해외에서 성공적으로 수입해오고 전염병이 없어야 하며 여물을 충분히 공급한다는 조건이 붙는다. 1945년이라는 기준점은 모스크바에 체류 중인 한 신뢰할만한 외국인 전문가의 의견이다.

콤소몰 단원이 묘지에 숨겨놓은 쿨라크의 곡물을 몰수하고 있다. 1930년 우크라이나

셋째 요인은 소련에서 가장 숙련된 농민(이를테면 쿨라크 кулáк로 불리는 부농) 6~7백만 명이 영국에서는 파악하지 못하고 있는 야만적인 방식으로 축출되어 추방되었다는 점

이다. 비록 2년 전에 소련 정부가 쿨라크 처단을 마무리했다고 주장하긴 했지만 유능한 농민들을 대상으로 한 야만적인 몰이는 지난겨울에 더욱 거세진 폭력으로 계속되었다. 볼셰비키는 쿨라크를 계급투쟁의 일환으로 없애려고 하는데 그 이유는 쿨라크가 "마을의 자본가"이기 때문이라고 했다.

모스크바 지역에서 한 농민 여성이 내게 말했다. "그들이 쿨라크라고 부르는 사람들을 봐요! 소를 한두 마리 가지고 있는 그저 평범한 농민이라고요. 그들은 농민들을 죽이고 있어요. 사방으로 내쫓고 있어요. 이건 탄압, 탄압이라고요." 나는 모스크바 인근에서 착검한 소총을 든 적군(붉은 군대) 병사에게 쫓겨 가는 굶주리고 비참한 모습의 농민들을 목격했다. 다른 농민들도 역시 가혹한 취급을 받고 있었다. 농지와 가축을 수탈당한 농민들은 굶주리고 땅이 없는 농노 상태에 처해있다.

소련에서 기아가 발생한 마지막 요인으로 곡물 수출이 꼽힌다. 소련 정부는 5개년 계획 완수에 매몰된 나머지<sup>스탈린은 1928년 시작된 공업화 5개년 계획의 생산성 목표치뿐 아니라 기간을 5년에서 4년으로 애초보다 상향 조정했다―옮긴이</sup> 자국민이 아사하는 상황에서도 기계류를 구입하기 위하여 곡물, 버터, 계란 등을 수출해왔다. 이런 점에서 소련 정부는 식량 부족을 겪는 해에도 곡물을 수출했던 차르 정부의 전례를 따르고 있었다. 그러나 차르의 제정러시아 시대에서도 지금과 같은 전 방위적인 기아는 없었다.

농민의 토지 몰수, 가축의 대량 도살, 가장 근면한 농민들의 추방 그리고 곡물 수출. 이 네 가지가 지금 소련에 기아를 발생시킨 주된 원인이다.

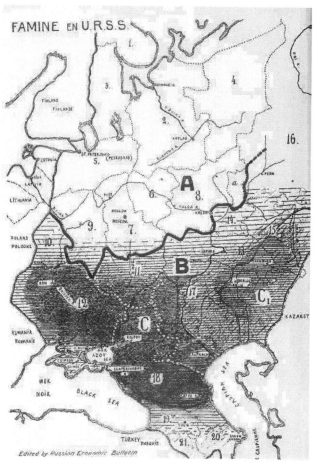

1933년 소비에트 연방의 기근을 나타내는 지도. 기아가 가장 심각한 지역은 검은색으로 표시. A 곡물 소비 지역 B 곡물 생산 지역 11 중앙 흑토 지대 12 우크라이나 13 중앙 볼가 강 유역 16 우랄 지역 18 북부 캅카스

# 제 2 장

# 1931년 소련 일지

***

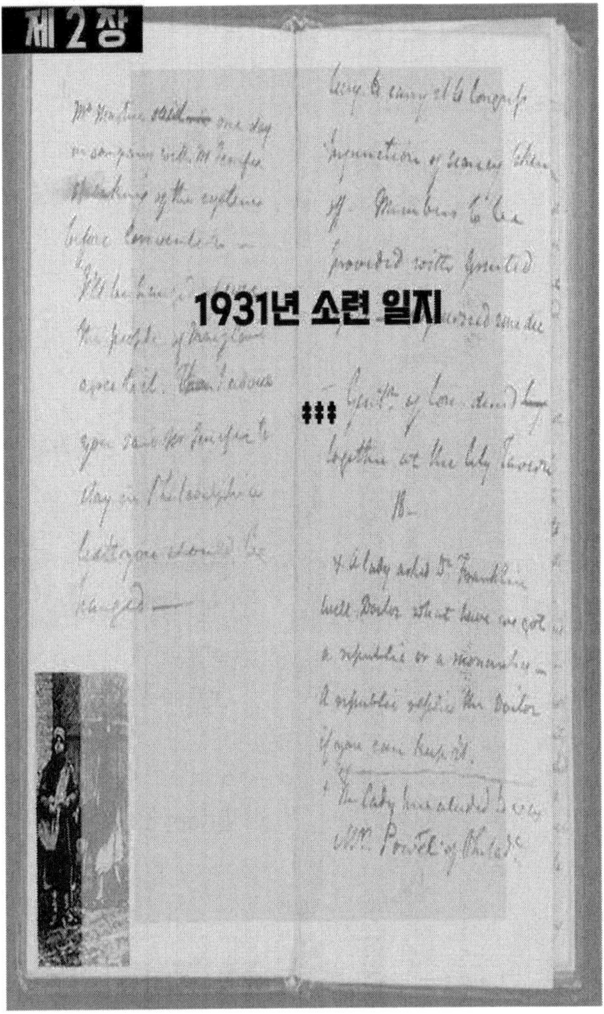

# 서 문

　1932년 소련은 드라마틱한 사건에 불과했던 1917~18년의 총성과 충격에 비해 이번에는 대격변의 혼란에 빠져있다. 이것이 바로 15년 전 볼셰비키가 권력을 장악한 것보다도 더 소련의 삶을 송두리째 변화시키고 있는 스탈린의 공업화 5개년 계획이다. 공산당의 목표는 전부터 상정되어 있었다. 오래된 사유 재산권에 도전장을 낸 소비에트 연방의 새 지배자들은 개인의 사적인 이익이 아닌 공동체의 이익이 추동력이 되고, 계급이 사라지며 모든 인민이 필요한 만큼 받고 능력만큼 주는 국가 건설을 모색하고 있다. 수세기 동안 철학자들은 이런 국가에 대해 논의를 해왔지만 1917년까지는 그들의 논쟁이 순수 이론에만 바탕을 두고 있었다. 그러나 현재, 사회주의 사상가들에 의해 제의된 생각들이 실행으로 옮겨지고 있다. 과연 이 실천은 실생활에서 어떻게 진행되고 있을까?

이 질문에 답을 얻으려는 목적으로 나는 이 일지의 저자와 함께 1931년 가을 그러니까 소비에트 연방의 인민들이 사회주의 확립에 한창 박차를 가하고 있는 시기에 방문 허가를 받았다. 나는 이 일지를 쓴 작가의 접근 방식이 자본주의 체제 하에서 성장한 사람치고는 그 누구보다도 공평무사하다고 믿는다. 가레스 존스의 이 일지는 1932년 익명으로 출간되었다. 익명의 저자가 존스의 시각을 옮겨 적는 방식을 취하고 있다. 좀 더 자세한 사항은 이 책 "짧지만 강렬한 저널리즘의 표상"을 참고하기 바람―옮긴이

소련과 그 언어에 대한 지식 덕분에 상투적인이 아닌 조금은 새로운 방식으로 레닌의 부인과 카를 라데크Karl Radek 같은 지도자뿐 아니라 검댕이 묻은 노동자들, 투박한 농민들과도 대화를 나누는 것이 가능했다. 우리는 거대한 공업단지와 공장을 방문했고, 농민들의 오두막에서 벌레가 득시글거리는 그 집 바닥에서 잠을 잤으며 마을 사람들과 흑빵과 양배추 수프를 나누어 먹었다. 간단히 말해서 생존을 위해 몸부림치는 인민들과 직접 접촉하면서 소비에트 정부의 드라마틱한 움직임에 대한 대중의 반응을 알아볼 수 있었

다.

이것은 프롤레타리아트 혁명 하의 한 국가를 연구하는 것
만큼이나 대단히 흥미롭고 귀중한 경험이었다.

가레스 R. V. 존스

# 소련행 배에 오르다

## 소비에트 연방을 향하여

### 소련행 배에 오르다
### 1일차

   소련 국적의 선박을 이용한 소련 행은 1931년 즉 전 세계의 나머지 80퍼센트 인구가 이곳을 초미의 관심을 가지고 지켜보던 격동기니만큼 으레 상상력을 부추기기 마련이다. 많이 읽었고 많이 들어왔던 바, 이제는 읽고 들은 그 모든 것이 무엇을 의미하는지 직접 확인하게 될 터다.

존스와 나는 오후 7시 30분에 런던에서 소련의 증기선 루드주타크 호에 올랐다. 배에서 푸짐한 식사를 하겠거니 기대했으나 유리잔에 담긴 차 한 잔, 빵, 식은 햄, 소시지, 치즈가 다였다. 배는 5000톤급 화물선 겸 여객선이었는데 깔끔하고 청결했다. 휴게실과 식당은 잘 꾸며져 있었다. 꽤 놀랐을 정도로!

승객들의 면면은 화려하지 않아도 과학자 일행, 그 비슷한 부류의 또 다른 무리, 영국 협동조합 상점 파견단, 많은 (각양각색의) 소련인들로 이루어져 있어서 여러모로 조짐이 좋았다.

선상을 돌아다니던 우리는 선원실 구역에서 "레닌 전시관"을 발견했다. 레닌의 잘 만든 흉상이 세워져 있었고, 당 지도자와 장군들 여럿의 사진 몇 장도 진열되어 있었다. 피아노 1대, 탁구대, 라디오가 이 전시 공간을 완성했다. 가까운 게시판에는 공산주의 프로파간다와 성명서들이 붙어 있었는데 후자의 경우 놀랍게도 현재의 세계 불황을 정확히 전하고 있었다.

나는 궁금해서 그 벽보 중 하나의 번역문(존스가 번역한)을 베껴두었다. 그것은 승무원 한 명이 만든 것으로 어디서나 눈에 띄는 엉성한 프로파간다의 일종임을 드러내고 있다. 물론 이런 프로파간다는 아주 전형적이었고 양적으로도 엄청나게 많아서 노동자들에게 큰 영향을 끼치고 있음이 분명하다. 이 프로파간다의 표제는 이랬다.

"두 세계. 자본주의 세계와 성장 중인 사회주의 세계."

그 번역문은 다음과 같다.

"8월 1일은 제국주의 전쟁의 위험과 소련에 대한 공격 위협에 대항하는 혁명 프롤레타리아트의 투쟁, 국제 반전 시위의 날이다.

8월 1일은 세계 경제 위기와 자본주의 국가간 충돌의 전례 없는 격화 특히 건설 중인 사회주의와 쇠퇴 중인 자본주의 체제 간 충돌의 심화를 목전에 두고 있다.

세계 경제 위기가 모든 자본주의 국가들을 장악하고 있다. 이 위기의 근본적인 특징은 생산의 급감, 세계 시장의 급격한 위축, 실업률 급증에 의한 노동 계층의 빈곤화, 해외 시장의 심각한 쇠퇴. 임금은 줄고 노동 시간은 늘고 있다. 수많은 농민들은 농산물 가격 하락, 높은 세금, 임대료 때문에 파산하고 있다. 자본주의가 노동자의 생활수준을 공격함으로써 사망, 자살, 범죄가 증가해왔다. 전세계 자본가계급은 사회 민주주의의 적극적인 도움을 받으며 노동자 계급의 희생을 발판삼아 위기를 벗어나려고 한다. 그들은 테러리스트, 파시스트 무리를 조직하고 노동자의 혁명 조직을 위협하고 있다. 그들은 노동자의 집회와 언론 자유를 빼앗고, 실직자와 파업참가자들을 공격하며 농민 세력을 억압하고 있다.

한편 소비에트 연방에서는……." 등등

이어서 공산주의의 성과를 표현한 강렬한 그림이 등장했다.

### 함부르크

#### 3일차

우리는 정오에 함부르크에 도착할 예정이었으나 2시 30분까지 입항하지 못했다. 이후로도 승객들이 하선하기까지 먼저 경찰의 승선을 기다려야 했는데 그것이 두 시간이 걸렸다. 기다리던 우리가 선장에게 이제 배에서 내려도 괜찮은지 묻기라도 하면 그는 무심하게 대답하곤 했다.

"아, 그럼요. 경찰이 온지 한 시간이 됐잖소!"

존스는 "레닌 전시관"을 어슬렁거리다가 만난 한 선원과 대화를 나누었다. 1926년부터 공산당원이 됐다는 이 선원은 선원의 60퍼센트 가량이 당원이라고 말했다.

"10년 후에 소련은 어떻게 될까요?

존스가 물었다.

"스탈린이 그 말은 하지 않았어요."

"스탈린의 말은 공산주의 원칙과 상반되지 않나요?" 존스가 다시 물었다.

"에이, 아니죠! 알다시피, 갈 길이 멀어요. 이십년, 오십년, 백년 아니 이백년. 우린 이제 막 사회주의에 진입하고 있는 거죠. 공산주의가 오면, 모든 계급이 사라지고 모두가 원하는 걸 얻을 수 있게 되죠. 우린 그 방향으로 가고 있어요. 지금 이 원칙에 따라 행동해야 해요. '일하지 않는 자 먹지도 마라.' 일하지 않으면 돈도 빵도 그 무엇도 가져선 안 되죠. 누구나 똑같은 임금을 받는 것으로 시작했지만 그것이 게으른 자들에게 혜택을 주는 꼴이라 빠른 시일 내에 폐지해야 해요. 스탈린은 임금 평등주의를 비판하고 사회주의 경쟁을 내세워 1931년 성과급으로 전환했다—옮긴이

소련에는 아직 계급이 있어요. 쿨라크(кулак, 부농)가 아직 존재해요. 부르주아 생산자들도 여전하고요. 전부 짓밟아버려야 해요."

두 선원 사이에 신구 군대를 놓고 대화가 오갔다.

"지금의 붉은 군대에 있는 것보다 차르 군대에 있을 때가 훨씬 좋았어." 한 선원이 말했다.

다른 선원이 발끈 쏘아붙였다.

"아니지, 아냐. 세 배는 나빠!"

이런 식의 상반된 의견들을 듣고 있자니 퍽 의아했다.

우리는 한 승무원과의 대화를 통하여 그 배의 승무원들에

관한 상당히 흥미로운 사실을 알아냈다. 선장에겐 관리권만 있고 선박의 실제 운영은 3인 위원회가 맡고 있다. 위원회는 일반 승무원, 선장, 당 "세포조직$^{cell}$" 또는 선상 조직의 비서로 구성되고, 위원장은 일반 승무원이다. 선장과 1등 항해사는 "공무원"인 반면 나머지 승무원들은 "노동자"에 속한다. 상대적으로 좋은 교육을 받은 전자는 높은 임금을 받고 양질의 개인물품을 얻는다. 계층 간 이동은 가능하다. 공무원이 당원이라면 최대 급여는 월 315루블이지만 소련의 1억 6천만 인구 중에서 당원은 2백만에 불과하다.

존스는 교사의 아들이라는 그 승무원에게 당원 자격이 되는지 물었다.

"그럼요. 나도 아버지도 노동자를 착취하지 않았으니까요. 내 아버지는 사람들을 착취하기는커녕 가르치는 사람이니까요. 물론 예비 심사 기간은 필수적인데, 노동자는 6개월 나머지는 2년 정도 걸리죠."

승무원이 계속 말을 이었다.

"트로츠키는 외국의 영향을 지나치게 많이 받았어요. 그가 한창때에는 훌륭한 인물이었지만 지금 우리에겐 무용지물이죠. 그는 소련을 공산국가로 만드는 유일한 수단으로 '세계 혁명'(영구혁명론)을 강조합니다. 그리고 다수를 차지하는 농민들을 근간으로 봤어요. 반면에 스탈린은 '일국사회주의론'을 통해 소련 공산주의의 이상을 대변하고, 그의 정

책은 소수 그룹 즉 도시 프롤레타리아와 함께 일하는 것이
죠. 세계 혁명이 임박했어요. 어디서나 파업과 불만이 일고
있죠.”

승무원은 머잖아 소련이 전세계로부터 완전히 독립할 거
라고 덧붙였다.

“하지만 소련도 상품을 수입해야 할 텐데요.” 존스가 말했
다.

“아뇨.” 승무원이 단언했다. “소련은 자급자족하게 될 겁
니다. 앞으로 5년 정도 수입을 하다가 그다음은 멈출 겁니
다. 우리는 곧 생필품을 전부 자체 생산할 수 있게 돼요.
우리는 영국에서 이루어지는 반소련 캠페인을 좋아하지 않
아요. 영국 사회주의자들은 부역자고 부르주아의 밑에 있는
도구입니다. 그들은 기회주의자에 불과해요. 영국인들은 소
련인들처럼 고통을 받지도 않고 굶주리지도 않아요. 그랬다
면 자기를 착취하는 자들과 그렇게 쉽게 타협하지 않았을
테죠. 영국인들도 유혈 혁명을 믿게 될 시기가 오고 있어
요.”

승무원이 계속 말했다.

“초기에는 고학력자들이 자신의 이익을 위해서 당에 입당
했어요. 처음에는 교육자로서 생산력을 높이는데 일조했지
만 나중에는 ‘치스트카(Чистка, 대숙청)’에 의해 제거
됐어요. 치스트카는 소련식으로 무능한 사람들을 정기적으

로 제거하는 방식인데, 문자 그대로 '깨끗이 정화한다'는 의미죠."

영국 협동조합 상점의 회원이 이렇게 말했다.

"레닌이 내 공장에 왔을 때가 기억나네요. 체구가 작은 평범한 남자더군요. 외모는 무지크(мужик, 농민)처럼 생겼고 말투는 꾸밈이 없었어요. 레닌은 공장에 와서 사람들에게 손을 보여 달라고 했어요. 몇몇은 다이아몬드 반지를 끼고 있었죠. 그 사람들을 향해 레닌이 소리쳤어요. '이 돼지들! 당신들은 지금까지 노동자들을 착취해왔군.'"

존스와 나는 페리를 타고 함부르크로 이동하여 알스터 호수Lake Alster에 있는 레스토랑에 들렀다. 이곳은 수십 년 동안 외식하는 사람들에게 유쾌한 회식장소로 유명세를 얻고 있었으나 오늘밤엔 손님이 없었다.

급사장과 말을 해보니 정치 상황이 심각했다. 다행히 프로이센 의회를 해산하기 위한 주민투표는 시행되지 않았으나 여전히 공산주의자의 불안이 상당했다. 함부르크에서 몇 차례 총격이 일어났고 베를린에서는 한 차례 시가전이 벌어져 37명이 중상을 입었다. 3명의 베를린 경찰을 살해한 공산주의자들을 체포하는 사람에게 2만 마르크의 포상금을 준다는 제안이 신문의 1면을 장식하고 있었다.

무정부주의와 혁명의 웅얼거림으로 가득한, 그 팽팽한 긴장감에 누구라도 깊은 인상을 받았을 터다.

블라디미르 레닌, 1920년

# 6일차

아름답고 화창한 아침, 잔잔한 바다.

나는 시카고에서 20년 동안 건설 도급업자로 일했다는 소련인과 즐거운 대화를 나누었다. 그는 공산주의 사상을 지닌 세상 유쾌한 노인이었다. 돈을 넣어둔 시카고 은행이 파산하는 바람에 돈 대부분을 잃었다고 했다.

"내·돈 전부를 은행가들이 빼앗아가서 파시스트와 독일인에게 줘버린 꼴이지. 자본가들은 호랑이 같아. 멋져 보이지만 한번 상대해 보라고!"

티타임까지 읽고 쓰던 나는 차를 마신 후 스코틀랜드인 공산주의자와 일상적인 대화를 시작했다. 3시간이 지났을 즈음, 15명이 넘는 사람들이 모여 들더니 우리의 대화를 거들었다.

"경제 자유는 소비에트 연방의 궁극적인 목표죠. 부르주아 국가에는 자유가 없어요. 부르주아가 언론과 집회의 자유를 통제하니까요.

소련보다 더 무자비한 체카(Чека, 비밀경찰)가 영국에 있어야 해요.

소비에트 정부의 첫 번째 의무는 전세계 노동자 계급에 대한 것이죠. 그러니 소비에트 연방에 의해 체결된 조약이나 사업이 프롤레타리아트의 이익과 충돌한다면, 그 조약들은 즉각 거부돼야 해요."

"만약에 독일, 이탈리아와 맺은 조약이 프롤레타리아트에게 불리한 것으로 판명된다면 소비에트 정부가 계속 그 조약을 준수할까요?" 우리 중에서 누군가 물었다.

"당연히 아니죠. 지금이야 우리 이익과 부합하니까요. 세계 혁명은 필연적이에요. 각 나라는 소비에트 연방의 일원이 되겠다고 자원할 겁니다. 독일이 다음 차례가 되겠죠. 인도에서 영국 공산당의 임무는 부르주아 정부에 대항하여 노동자와 농민의 자유를 위해 싸우는데 있어요.

현재의 믿음은 자본주의 체제가 저절로 전복될 거라는 거죠. 소비에트는 해외 투자를 믿지 않아요. 공업화 5개년 계획에 집중하는 것이 전적으로 옳아요. 5개년 계획의 성공이야 말로 최고의 프로파간다죠. 세계 노동자들은 소련의 눈부신 성공과 공산주의 국가의 건립 과정을 보게 될 겁니다.

소비에트의 전망에 따르면 자본주의의 성쇠는 세 단계로 나뉘죠.

일. 1918년~23년 - 상승기

이. 1923년~28년 - 일시적 안정화기

삼. 1928~  - 급속하고 최종적인 몰락기

자본주의 체제의 모순들은 필연적으로 증가하고 있어요. 갈수록 축소되는 세계 시장을 놓고 벌이는 경쟁은 전쟁으로 이어질 겁니다. 이 충돌은 내전과 혁명으로 끝이 나겠죠.

세계 자본주의의 현재 상황은 임금 삭감, 식민지 억압, 실업의 단계죠."

그는 화제를 바꾸겠다면서 말을 이었다.

"부르주아 의사들은 모조리 미신적이죠. 그들은 자신들이 하는 일을 제대로 알지 못해요. 환자의 문제가 무엇인지를 몰라요. 기분이 어떠냐고 묻고 약을 주고는 그 다음에야 어떤 병인지 의학서를 뒤적이죠. 환자에게 관심이 없고 오로지 돈을 내는 부르주아를 위해서만 일하죠."

저녁에 우리는 다시 논쟁을 벌였는데, 여객실의 꽤 많은 승객들 그러니까 공산주의자와 비공산주의자 모두 이 논쟁에 참가했다. 그러나 혁명주의자들이 어찌나 많고 비이성적이던지 나는 때마침 존스가 등장하지 않았더라면 그들의 기세에 눌려 늪에 빠진 것처럼 허우적거렸을 것이다. 우리는 그들에게 본때를 보여주었다!

# 레닌그라드, 소비생활

## 9일째

아침에 우리는 항구에서 인투리스트(Интурист, 구소련의 국영여행사)의 남자 직원을 만났다. 그는 우리를 데리고 제일먼저 세관을 통과했다. 영국의 전 총리, 로이드 조지의 보좌관에게 베푸는 호의! 우리의 통역사도 모습을 드러냈는데, 스물일곱 살 가량의 매력적인 아가씨로 영어와 불어를 유창하게 구사하는 매우 지적인 여성이었다. 그녀는 조지 버나드 쇼가 소련을 방문했을 때 그와 동행하기도 했다.

신형 포드 투어링 카가 한쪽에서 우리를 기다리고 있었

다. 우리는 빠른 속도로 몹시 울퉁불퉁한 자갈길을 달려갔
다. 어찌됐든 아무도 죽지 않고 레닌그라드(상트페테르부르
크)의 최고급 호텔 유럽<sup>Hotel Europe</sup>에 도착했다. 우리는 운
좋게 욕실이 딸린 객실을 구했다.

호텔 유럽, 20세기 초반 모습

오전에 우리는 미국인 몇 명과 함께 유람버스를 타고 55
킬로미터 정도를 달려 소비에트 연방 요양소 한곳과 그 유
명한 겨울 궁전을 보러갔다. 요양소는 4세에서 12세 사이의
아픈 어린이를 위한 곳으로 무료 의료 서비스와 노동자 자

녀들의 관리 감독을 지원하고 있다. 요양소는 굉장히 질서 정연하고 청결했다.

요양소 어디서나 소비에트 연방의 프로파간다 포스터가 다수 눈에 띄어서 놀라웠다. 아이들은 잡지에서 그림과 문구를 오려 포스터 만드는 걸 돕고 있는데, 문구의 예를 읽어 보면 다음과 같다.

"5개년 계획을 4년 안에 끝내자."(붉은 색의 큼지막한 글자)

"소비에트 연방의 수호자들"이라는 문구에는 총, 전함, 군인들의 그림이 곁들여 있었다.

이런 문구도 있었다. "전 세계 어린이는 한 가족이다." 이 생각은 다양한 인종과 민족의 아이들 그림으로 표현되고 있었다.

또 다른 포스터: "돌격노동자'는 우리의 방식이다. 5개년 계획은 우리의 목표다."

돌격노동자(우다르닉)는 공장이나 농장으로 가서 가열한 노동과 뛰어난 능력으로 생산 속도를 높이는 열정적이고 유능한 노동자다. 그들은 종종 현수막과 전단의 형태를 띤 요란한 선전물을 가져가는데, 그들의 성과를 공표하고 "소년들"에게 "5개년 계획"을 위하여 힘껏 싸우라고 촉구한다. 그러나 그들의 맹렬한 분투는 부주의한 취급과 지나친 속도주의로 인해 기계 고장으로 이어지는 예가 잦았다.

5개년 계획을 4년에 끝내자는 포스터, 1931년

돌격 노동자(우다르닉)에 합류하라고 독려하는 포스터

존스는 요양소에 있는 몇몇 아이의 부모와 어렵사리 얘기를 나누었다. 이날은 마침 학부모 방문의 날이었다. 한 소녀는 소련식 전통 이름뿐 아니라 "세계의 전화電化, 전력을 이용하여 열, 동력, 빛 따위를 얻음—옮긴이"에서 땄다는 별칭 "일리미라"로도 불렸다. 요양소에 두 번째 와 있다는 한 소년은 부모님을 한 달에 한번 밖에 만날 수 없는데도 집에 가고 싶어 하지 않았다. 나는 그 아이의 태도를 이상하게 생각했지만 아이 부모는 전혀 개의치 않는 것 같았고 아들이 일상적인 방식에서 벗어나 돌봄을 제대로 받고 있다며 기뻐하는 것 같았다. "난 커서 공학자가 되고 싶어요." 여덟 살짜리 여자아이는 이렇게 말했다.

우리는 여제 예카테리나1세가 세운 옛 궁전을 방문했다. 바로크 풍으로 아름답고 화려하게 장식된 궁실들은 그 웅장함에서 베르사유 궁전의 궁실들과 흡사했다. 최근에 지어진 황궁과 거처의 부르주아 취향이나 천한 장식과는 극명한 대조를 이루었다. 이 황궁의 경우에 황제의 침실은 벽면에 8백 개의 이콘*을 두었고, 황제와 황후 둘 다 말린 생선과 아토스 산에서 가져온 값싼 목재 기념 수저들을 포함하여 쓸모없고 형편없는 도기류와 종교적 유물을 진열해 놓는, 참 놀라운 취향을 가지고 있었다. 뿐만 아니라 아들을 절실히 원했던 황후 때문에 어디서나 수태고지천사 가브리엘이 마리아에게 나타나 예수 그리스도 잉태를 예고한 일—옮긴이 등의 섬뜩하고 선정적인 그림들이 걸려 있었다.*이콘 ikon, 러시아의 전통적인 미술의 한 형태. 종교나 신화와 같은 관념 체계를 바탕으로 주로 아기 예수와 성모 마리아, 성인 등을 묘사함—옮긴이

수태고지를 묘사한 이콘의 예

예카테리나궁, 1928년

이런 곳조차 소비에트 정부는 대기실에 선전 전단들을 가져다 놓았다. 이를 테면 "프롤레타리아트는 소비에트 연방의 방공防空에 만전을 기하고 있다."

"소비에트 연방의 비행선은 사회주의 재건에 중요한 요소가 될 것이다."

"8월 1일, 중국사회주의 혁명을 위하여 용감히 싸우자."

이들은 이런 프로파간다를 성공시킬 기회를 갖진 못했다.

우리는 레닌그라드로 돌아와 국영여행사에서 제공해준 식사를 했다. 국영여행사는 우리에게 캐비어, 수프, 고기, 디저트로 구성된 일급 요리를 마련해 주었다. 똑같은 요리를 일반 음식점에서 먹으려면 가격이 어느 정도 될까?

캐비어 5루블

수프 2루블

고기 2~3루블 50코페이카(копейка, 100분의 1루블)

디저트 1루블 25~50코페이카

차 50코페이카

총 10~12루블 (5~6달러)

그렇게 싸지 않다!

멋진 옥상 정원에서 도시를 내려다보는, 호사스러운 식사였다.

루블로 계산할 때 소련이 인플레이션 상황임을 상기해야 한다. 1루블은 물건을 구매하는 곳에 따라서 10센트~15센트 가치를 가진다. 암시장에서 루블화 가치는 10센트에서 20센트 가량이다. 협동조합상점에서는 30센트에서 40센트다. 은행에 간다면 2루블당 1달러를 받지만, 투기꾼은 1달러에 8내지 10루블 혹은 그 이상을 내려고 할 것이다.

우리는 5시에 "점심"을 먹었다. 눈 아래 펼쳐진 도시의 지붕들은 칙칙하고 지저분했다. 그러나 여기저기 대성당의 돔 지붕이 지하에서부터 솟구쳐 있었다. 가까이서도 한 유명한 교회에 있는 보석 기념물이 반짝였다. 그곳의 뾰족탑 색유리가 햇빛에 번뜩였고, 그 아래 가옥의 지붕들에는 라디오 안테나가 폐가의 거미줄처럼 뒤엉켜 있었다.

바로 이곳이 그 유명한 레닌그라드, 황제의 보금자리요 즐거운 귀족들의 중심이로구나! 허름하고 낡아빠진 드로시키(дрожки, 러시아의 무개 사륜마차)가 옛날 밝고 맵시 있는 마차의 화려함을 대신하고 있다. 관리를 하지 않은 울퉁불퉁하고 질척거리는 둔치는 강을 따라 한때 이름났던 산책로의 명성을 뒤로 하고 남아있다. 깨진 창, 지저분하고 물때가 끼고 페인트칠이 벗겨진 집집의 정면이 옛 모습을 음산히 상기시키고 있다. 중심가만 괜찮아 보였는데, 지난봄에 3천명의 도장공들이 이곳에 모여 회반죽을 바르고 칠을 한 덕이었다.

드로시키1

드로시키2

열차는 발 디딜 틈 없이 사람들로 가득 차 있다. 어디서든 석유, 비누, 빵 또는 식량배급을 기다리는 사람들이 길게 줄을 서 있다. 누구든 얻고자 하는 것이 있으면 기다려야 한다. 기다림조차 불확실하더라도! 국영상점이나 협동조합상점에서 싸게 팔지만 배급카드를 가지고 있지 않다면 5배의 값을 치러야 한다. 상설시장이나 암시장에서도 사정은 마찬가지다. 그러나 개인 장사꾼은 거의 남아 있지 않고, 이따금씩 야채를 파는 행상, 이발사나 감자근로자, 제빵사 정도가 눈에 띈다. 이들도 빠르게 자취를 감추고 있다.

모퉁이 키오스크(киоскт, 가판)와 구두닦이마저도 국가에서 관리한다. 나는 한번 광을 내고 50코페이카를 냈다. 외화로만 물건을 살 수 있는 토르크신ᵀᵒʳᵍᶜᶦᴴ, 외화상점, 외국인전용상점이지만 실제로는 소련인들이 많이 사용함—옮긴이이라는 상점은 저가구매 과정에서 가장 최근에 발전한 형태다. 토르크신에서 음식과 담배 몇 가지 간단한 상품을 미국 가격에 20퍼센트가량 웃돈을 주고 구입할 수 있다. 한 가지 품목 즉 담배만큼은 아주 저렴해서 10센트 하는데 품질은 좋지 않다.

거리마다 눈에 띄는 특징은 술 취한 사람들의 수가 많다는 것이었다. 그들은 종종 경찰과 싸움을 벌였다. 난투극이 호텔 바로 앞에서 벌어졌고 한 술꾼이 쓰러져 의식을 잃었다. 술 취한 사람들이 많은 이유에 대해 사람들은 먹을 것이 부족하기 때문이라고 했다. 소련인은 끼니와 곁들여 보드카를 마시는데, 음식물 없이 보드카만 마시다간 정신없이 취하기 마련이다.

레닌그라드의 토륵신 광고, 1933년

소련인들은 그들의 선전물 일부에서 종교와 주벽은 5개년 계획의 적이라고 선언하면서 동시에 사람들에게 국영 양조장에서 증류한 보드카를 팔아 막대한 수익을 거둠으로써 모순을 드러낸다.

경찰은 새 정복을 지급 받은 지 얼마 되지 않았고 흰색 장갑을 끼고 있다. 모두가 자부심이 대단하다!

아주 말쑥하게 차려입은 우리의 안내인은 옷값이 어느 정도인지 알려주었다. 소련제 실크 스타킹은 한 짝에 23~75루블, 그녀가 신고 있는 구두는 100루블이란다. 자기보다 더 잘 차려입은 여성들은 협동조합상점에서 재료를 구입한 뒤 개인 재봉사에게 맡겨 옷을 만든다고 했다.

토록신, 1931년

밤에는 호텔에서 영리하게 생긴 금발의 한 꼬마가 존스에게 다가오더니 환전할 외화가 있느냐고 물었다.

"얼마 줄 거예요?" 존스가 루블을 받고 달러를 팔겠다고 하자 꼬마가 물었다.

"1달러에 6루블." 존스가 말했다. "그런데 이러는 거 위험하지 않니?"

"위험하죠. 하지만 '니취보!(Ничего, 상관없어요!)"

꼬마는 어깨를 으쓱해 보였다. "게페우*가 사방에 있지만 어쩔 수 없죠, 뭐!"

*소련의 비밀경찰은 1917년 체카로 시작하여 국가정치보안부(GPU, 게페우), 통합국가
정치보안부(OGPU, 오게페), 내무인민위원회(NKVD, 엔카베데), 국가보안위원회(KGB)로
개편되었다—옮긴이

숙명론적 사고가 너무 강하잖은가!

"이건 투기야." 존스가 말했다.

"아뇨, 그렇지 않아요."

"허허, 달러를 어디에 쓰려고 하니? 팔 거니?" 존스가 물었다.

"아뇨, 토륵신에 가려고요. 거기가면 달러로 더 싸게 물건을 살 수 있어요. 게다가 다른 상점에서는 물건이 별로 없지만 토륵신에서는 뭐든 구할 수 있어요."

"협동조합상점에서 버터를 구할 수 있니?" 존스가 물었다.

"니예트(Nyet, 아뇨)." 아이가 대답했다.

"네 아버지가 이걸 시켰니?" 우리가 물었다.

"아뇨, 나 혼자 생각한 거예요. 열세 살 이거든요. 외국인들이 물건 사는 걸 보다가 나도 외화만 있으면 살 수 있겠다 싶더라고요. 외국인들한테 환전할 건지 물어봤어요. 그리고 외국인 상점에서 옷을 샀죠. 옷뿐 아니고 뭐든."

우리는 아이에게 초콜릿을 주었다.

"이런 초콜릿은 여기서 구할 수 없어요. 어쩌다가 초콜릿 비슷한 걸 구할 순 있지만 먹진 못해요. 왝!(끔찍하다는 표정을 지으면서) 맛없어요. 토할 걸요!"

학교에 대해 묻자 아이가 대답했다.

"우리 반에 서른여섯 명이 있어요. 그중에서 여덟 명만 피오니에르Pioneers, 구소련의 공산 소년소녀단원—옮긴이죠. 나머지 아이들은 피오니에르에 신경 쓰지 않아요. 관심이 없죠. 애들이 좋아하는 건 운동과 장난이에요. 하지만 고학년이 되면 피오니에르와 콤소몰*이 더 많아져요." *콤소몰Komsomols, 소련에서, 사회주의 정치 교육을 위하여 공산당의 지도 아래 조직한 청년 단체. 15~26세의 남녀를 대상으로 1918년에 조직—옮긴이

"너는 신을 믿니?" 존스가 물었다.

"예, 믿어요. 저희 부모님도 믿어요. 아버지는 공무원이고 고모는 침례교도예요. 침례교도가 많아요. 한번은 부모님이 나를 데리고 모임에 간 적 있어요. 거기에 사람들과 노동자들이 많았어요. 나는 잠이 들어버렸지만요! 사람들이 길게 말하고 정치 얘기를 할 때는 지루해요. 나는 운동을 좋아해요. 우리 반에도 신을 믿는 얘들이 있지만 많지는 않아요."

"5개년 계획이 성공할까?" 우리가 물었다.

"모르겠어요. 공장에 벌어지는 일엔 관심이 없어요. 신문은 읽은 적도 없고요. 지루하니까요. 라디오랑 영화랑 스포츠 잡지가 좋아요. 혹시 나한테 팔만한 물건 가지고 있어요? 이 초콜릿을 나한테 팔면 조금 떼어서 엄마 가져다주려고요."

우리가 초콜릿을 선물로 주는 것이니 그냥 가지라고 아무

리 설득해도 소용이 없었다. 아이가 기어코 값을 치르려고 했기 때문이다. 아이는 특히 콩 통조림 한통을 무척이나 고마워했다. 나는 그 아이의 말을 이해하지 못했으나 얼굴 표정에서 고마움이 전해졌다. 아이는 내일 또 오겠다고 했다.

밤에 존스는 한 전형적인 소련 공학자 부부와 나눈 대화를 번역했다. 부부의 딸아이가 주기도문을 외우곤 하더니 어느 날인가 학교에서 돌아와 이렇게 묻더란다.

"신은 어디 있어요? 보여 줘요."

"지금은 딸아이가 신은 없다고 말해요." 어머니는 비참하게 말했다. "나는 아이가 좋은 교육을 받길 원해요. 아이를 공산주의자로 만드는데 딱히 관심은 없지만 그래도 아이가 피오니에르와 콤소몰에는 가입해서 좋은 교육을 받았으면 좋겠어요. 대부분의 부모들이 자식들을 위해 바라는 거죠. 지금은 결혼하고 이혼하는 게 쉽고 윤리의식이 떨어졌어요. 요즘엔 아이를 가지려는 사람이 없어요. 애들 키우기가 어려우니까요. 낙태, 그놈의 낙태, 무조건 낙태예요. 모스코바에서만 작년에 낙태가 75,000건이었다고요!" 한 미국 의사에 따르면 이 낙태 건수는 맞는 수치다.

"남성 임금의 3분의 1을 아이들 엄마한테 직접 줘요. 하지만 18세 미만인 엄마들은 한 푼도 받지 못해요. 18세 미만 엄마들에겐 국가에서 거처를 지정해줘요. 그래서 젊은 여성들은 더 조심하게 되는데, 그렇다고 요즘 아이들이 조신하게 행동하는 것 같지는 않아요."

그녀는 또 새 혼인법이 시행되면 결혼한 지 20년 정도 된 남자 대다수는 지금의 아내를 버리고 젊은 여성과 결혼할 거라고 말했다.

"오늘날 여자들은 말하죠." 그녀가 말했다. "남자를 사랑한다면 그와 함께 살 거야. 그 사람한테 싫증이 나면, 다른 사람을 만나는 거지, 뭐. 이런 식으로요."

그녀는 종교에 대해서도 말했다.

"종교를 믿는 사람들이 많이 남아있긴 하지만 대부분 나이든 사람들이에요. 그들은 종교를 숨기고 비밀 예배를 드리죠."

이 여성은 현재 생활의 수단과 생계비에 대해서도 말했다. 암시장에서 버터의 가격은 1파운드에 10루블(5달러), 계란은 10개에 5루블(2.5달러)이다. 반면에 협동조합상점에서는 70코페이카에 불과하다. 협동조합상점에서 한 달에 버터 1파운드를 살 수 있지만 정해진 것은 아니다. 계란은 한 달에 한번, 이 역시 정해진 것이 아니고 겨울에는 협동조합상점에 가도 계란이 없다. 대부분 소금에 절인 고기는 협동조합상점에서 예정된 달에 세 차례 200그램씩 배급된다. 암시장에서 고기 가격은 1킬로그램에 12루블(6달러)이다. "노동자"는 더 많이 구할 수 있다. 노동자는 다달이 소금에 절인 생선을 400그램 받는다. 빵은 충분치 않아서 하루에

200그램이 상한선이다.

얼마 전에 상대적으로 고가에 물건을 파는 상점들이 문을 열었다. 이곳에서 구두가 50루블(25달러)인데 협동조합상점에서는 15루블(7.5달러)이다. 그러나 협동조합상점에서는 구두 자체를 구하기 어렵다!

살찌기가 거의 불가능하다.

이 여성은 말을 이었다. "농민은 세금 등에 불만이 많아요. 집단농장에 입농하길 강요받고 많은 농민들이 추방당했죠. 자기가 키우는 소를 잡는데도 허가를 받아야 해요. 농민들은 공산당원들을 '그 놈의 악귀들'이라고 부르죠. 게다가 공산당의 죽이기는 지금도 계속되고 있다고요! 강제 노동이 많아요. 북부 숲에는 오로지 강제 노동만 있어요.

지난겨울은 지독히도 추웠어요. 장작이 배급되었고, 우리는 배급선박으로 가서 장작을 집까지 가져와야 했어요. 그 연료상황은 점점 악화되었고 운송도 마찬가지였어요. 1세제곱미터의 장작으로 온 겨울을 버텨야 했어요!

두 달간은 아주 비싸게 사지 않는 한 비누 한 장 구할 수 없었고요.

방 세 칸에서 여섯 명이 사는 곳이 있지만 이건 행운이죠. 그 이웃에는 방 여섯 칸에 여덟 식구가 사는 게 현실이니까요.

내 남편은 직장에서 열 시간 일하고 집에 있는 시간은 두

세 시간이에요. 남편은 공학자에요. 일부 노동자는 일곱 시간 일하기도 하지만 대부분은 여덟 시간 일해요. 소련 노동자와 농민은 채찍과 복종에 익숙해요.

하지만 젊은 사람들은 모든 걸 신봉하고 앞으로 올 더 좋은 날에 열광하고 있어요. 하지만 이미 다른 날들을 경험한 사람들은 누구든 불만을 가지고 있죠.

지난겨울엔 체포가 많았어요. 마을에서 큰 집에 사는 사람치고 체포되지 않은 사람이 거의 없을 정도죠. 많은 사람들이 잡혀가서 금과 외화, 보석을 내놓으라고 고문을 당했다죠. 그들한테 먹으라고 준 것은 소금에 절인 청어뿐이고 물도 주지 않았대요. 사람들을 숨쉬기 어려운 방에 몰아넣고 기절하면 방에서 빼냈다가 금이 어디 있는지 털어놓지 않으면 다시 집어넣기도 했어요."

이와 똑같은 이야기가 나중에 다른 두 사람의 말을 통해서도 확인되었다.

"국가에서 강제로 한 달치 월급을 내라고 강요했어요. 금액만큼 다달이 임금에서 사전공제해가는 방식이었죠. 노동자들은 자기 돈을 국가에 빌려주지 않아요. 선물이라고 하죠. 돈을 내지 않으면 블랙리스트에 올라요."

지금부터는 우리가 만난 사람들의 말을 옮긴 것이다.

어느 노동자: "지금은 모든 게 비쌉니다. 어떤 곳에서는 한 끼 식사에 2~3루블을 내야합니다. 하지만 기계를 사오

려면 어쩔 수 없다고 생각합니다. 우리는 혁명 전보다 덜 먹습니다."

호텔에서 일하는 한 남성: "여기서 25년째 일해요. 대공과 남작들이 이곳에 오곤 하던 호시절이 있었죠. 얼마나 멋진 사람들이었다고요! 지금은 다른 부류의 사람들이 오죠." 그는 고개를 절레절레 흔들었다.

눈썹 면도를 한 타타르 족 종업원: "전에는 월급으로 200~300루블(100~150달러)을 받았어요. 지금은 60루블(30달러) 받아요. 생활이 불가능해요. 게다가 우리는 아이들까지 키워야 해요. 물가를 보세요. 버터는 1파운드에 10루블(5달러), 옷과 신발은 말도 안 되는 가격이죠. 노동자들도 불만을 갖긴 마찬가지에요.

농민들은 콜호스(Kolhoz, 집단농장)를 싫어해요. 그들이 원하는 건 자기 물건을 마음껏 팔수 있는 자유, 자신의 것을 자신의 것이라고 할 수 있는 자유죠. 공동으로 일하는 걸 원치 않아요. 아, 농민들이 마을에서 어려움을 겪었죠. 그들을 강제로 집단농장에 입농시키려고 하니까요. 입농하지 않으면 잡혀가거나 집을 몰수당하죠. 농민들은 행복하지 않아요. 게다가 먹을 것도 거의 없단 말이죠! 혁명 이전보다 먹을 것이 훨씬 더 줄었어요. 농민이 자기 소도 도축하지 못한다니, 이거 원. 소가 두 마리만 있어도 쿨라크로 불리죠. 총살도 심심찮아요.(이 대목에선 속삭이는 말투로) 아무튼 농민들은 집단농장을 원치 않아요. 그냥 자신의 땅에서 일하기를 바라죠.

공산주의자들은 재즈가 나쁘고 부르주아라고 생각해요. 멍청한 거죠. 아니, 사람들이 마음껏 즐기는 게 어때서요. 특히 지금 같은 시국에!"

피오니에르의 단원으로 가입하는 소녀의 모습

# 월터 듀란티와의 만남

## 13일차

기념할만한 날! 우리는 오늘 아침에 『뿌리 뽑힌 인간성』
의 저자, 모리스 힌더스<sup>Maurice Hindus, 러시아 태생의 미국 저술가—옮긴</sup>
<sup>이</sup>와 아침식사를 함께 했다. 소련계 유대인 농민 출신인 작
가는 명민함으로 일반 농민이 처한 특별한 상황을 이해하고
있었다. 그는 미래에 대한 정책 기조나 그 결과를 함부로
예단하진 않았다. 세계 혁명은 불가능하다는 게 그의 믿음
이었다.

"미국이나 영국에서 부르주아는 오로지 자기의 죽은 몸뚱
이에 대해서만 사유재산을 포기하죠."

그는 제3인터내셔널이 중요성과 활동성 면에서 쇠퇴했다는 점에서 존스와 의견을 같이했다. 그가 말하길, 제3인터내셔널은 언론의 노출 빈도가 낮고 걸출한 인물도 없는데다 해외 자금마저 지원이 끊겨서 해외지부들이 수적으로 감소하고 있다고 했다.

힌더스 씨는 말했다. "농민들은 1926년 아니면 볼셰비키 혁명 이전의 식량 상황과 비교해서도 썩 좋지 못해요. 다만 지금은 자식들을 위한 교육, 오락, 돌봄의 수단을 가지게 됐죠. 집단농장 운동이 시작된 1920년부터 1928년까지만 해도 농민들의 형편은 아주 좋았죠. 그들이 이 운동에 동참했던 이유는 개인주의로는 미래가 없고 일정 수준까지만 도달했다가 끝나버릴 거라는 걸 깨달았기 때문이죠.

쿨라크로 불리게 될지 모르는 위험 때문에 어쩔 수 없이 집단농장에 동참한 사례도 많고요. 이것은 앞으로 개인 축적이 불가능함을 의미하는 동시에 경제 노력의 통합을 의미하며 이로써 집단농장이 개인농장보다 더 생산적임을 의미하죠. 코뮌(Commune: 농촌공동체)이 아르텔(артéль: 농업생산협동조합)보다 더 생산적이 될 것이고 궁극적인 목적이 될 겁니다.

코뮌은 최고의 공산주의 농장 조직이죠. 여기선 실질적으로 구성원들의 모든 재산은 공유됩니다. 반면 아르텔은 공유화의 수준이 덜한 편이지만 두 조직은 정도의 차이만 있을 뿐이죠.

힌더스 씨는 올해의 수확이 전년도에 비해 썩 좋지 않다고 보고 있다. 곡물 수출은 내수 요인으로 줄 거라고 했다.

그는 면직 공장이 예상만큼은 성공적이지 않다고도 했다. 투르키스탄에서의 면화 재배는 앞으로 대규모 사업이 될 것이고 그때 소련은 고품질의 장섬유<sup>길게 이어진, 주로 화학 섬유를 이름—옮긴이</sup> 제품을 대량 수출할 수 있을 거라고 봤다.

힌더스 씨의 생각에는 수출이 내수 요인으로 내리막길에 들어설 거라 했다. 현재로서는 어쩔 수 없는 현실이라는 것이다.

힌더스 씨는 다소 급작스레 우리와 헤어졌지만 그래도 함께 대화를 나누는 동안은 친절했다.

11시에 우리는 필라델피아 태생의 미국계 유대인 저널리스트, 루이스 피셔<sup>Louis Fischer</sup>를 방문하기로 약속을 잡았다. 상당히 급진적인 사고방식을 지닌 그는 『왜 소비에트 연방을 인정하는가?』라는 책을 썼다.

피셔 씨가 말했다.

"소비에트 연방은 강국입니다. 수출과 수입은 줄지 않을 겁니다. 자원이 아주 풍부해서 사람들이 필요한 것 이상으로 생산할 수 있습니다. 우리는 이 나라의 생산력을 너무 쉽게 과소평가하곤 합니다. 작년에 한 면직업자가 내게 이렇게 말하더군요. '3년 안에 우리는 면직 산업에서 자립하게 될 겁니다.' 그런데 그들은 이미 수출을 하고 있지요.

독일을 어떻게 생각하는지에 대해 피셔 씨는 인민위원회의 누군가가 자기에게 비밀리에 했다는 말을 해주었다.

"어이쿠, 난 독일이 묵사발나지 않았으면 해요!"

이 말은 아주 의미심장하다. 코민테른 회의에 제출된 바르가Evgenii Samoilovich Varga, 헝가리 출신의 소련 경제학자. 소련 공산당에 입당 후 세계 경제를 연구했다—옮긴이의 독일 보고서도 같은 맥락이다. 바르가는 독일에 내전이 발생할 경우 재앙이 될 거라고 말했다. 질서를 회복하는데 3억 마르크가 들어갈 것이기 때문이다. 이런 돈과 기술은 마그니토고르스크Magnitogorsk, 우랄 강 연안의 도시—옮긴이의 철강 산업을 위해 절실한 것이었다.

피셔 씨는 코민테른이 쇠퇴하고 있다고 생각했다. 코민테른을 진지하게 받아들이는 사람은 없다. 그 인적자원도 현재는 혁명 관료로만 구성되어 있다. 그들은 여전히 세계 혁명을 원하나 그 방식은 1923년 전성기와 다르다. 카를 라데크는 말했다. "혁명은 여행 가방 안에서 실행되지 않는다." 코민테른은 이점을 인식하고 있다. 소비에트 정부는 세계 혁명을 위해 소련을 희생할 준비가 되어 있지 않고, 모든 혁명의 불길 속에 뛰어들지도 않고 있다.

"그런데 왜 소비에트 정부는 내정 간섭에 대해 계속 얘기를 하면서 두려워합니까?" 내가 물었다.

"스탈린의 피츠버그"로 불렸던 마그니토고르스크의 철강 생산 시설, 1930년대

카를 라데크

"나는 그게 아주 진심어린 믿음인 동시에 말도 안 되는 믿음이라고 생각해요. 이해하기 어렵죠. 어디서든 외세 개입에 대항해 소비에트 연방을 수호해달라고 요청하는 전단들이 눈에 띕니다. 전단을 통하여 세계 프롤레타리아트에게 호소하는 것인데, 소비에트 정부는 이것을 보험 들어둔 것으로 여기고 있지요." 피셔 씨가 말했다.

피셔 씨는 수입 전망에 대해서 이렇게 예측했다. 정밀 기계류, 고무, 레몬, 커피, 질 좋은 의류, 의약품, 화학제품에 대한 소련인의 수요가 증가할 거라고. 또한 고품질의 공산품 소비가 크게 늘 거라고 했다. 외자 도입에 대한 채무 상환을 끝내면 소련은 실질적으로 채무 제로의 드문 위치에 있게 될 터다. 곡물, 석유, 목재, 석탄, 망간의 수출 전망이 밝다.

"이 나라 자체는 크게 굶주리고 있어요." 피셔 씨가 말했다.

이 면담 직후에 우리는 《뉴욕 타임스》의 특파원, 월터 듀란티Walter Duranty를 만났다. 불쌍한 사람! 그는 곤란을 겪고 있다. 소련에 온 거의 모든 사람이 그를 찾아온다. 그는 비공식 미국 대사로 통했고 굉장히 바쁜 일정에도 불구하고 모든 사람들에게 더없이 매력적으로 비춰졌다.

그는 스탈린이 토종 기술자를 확보해야한다고 말함으로써 기술자에 대한 인식이 달라졌다고 했다. 스탈린의 이 말은 기존 기술자들을 배제하는 것이 아니라 누구든 충성스러운 노동자를 배경과 상관없이 발전시킨다는 의미였다.

8월 12일 루드주타크Jānis Rudzutaks는 공학자와 기술자에 대해 말하면서 좀 더 구체적인 설명을 보냈다. "우리는 사보타주와 변절을 돌아보지 말고 미래 계획으로 전진해야 합니다. 그것이 가치 있는 사람이 하는 행동입니다." 듀란티 씨는 이것이 훨씬 더 건전한 전망이고 이 계획을 더 진전시켜야한다고 생각했다.

월터 듀란티, 1919년

루드주타크

듀란티 씨의 견해에 따르면, 국가정치 보안부는 경계태도와 인적구성에서 변화를 모색하고 있다. 스탈린의 연설을 뒷받침하려는 후속조치다. 가혹했던 메싱$^{Stanislav\ Messing}$은 축출됐다. 멘진스키$^{Vyacheslav\ Menzhinsky}$는 오랫동안 병치레 중인

데 그 또한 가혹한 인물로 통했다. 역시 강성이었던 야고다 Genrikh Yagoda는 좌천됐다. 현재 국가정치 보안부의 제1부부장인 아쿨로프Ivan Akulov는 온건한 인물이다.

메싱                                멘진스키

미국 공학자들의 말에 따르면, 소련 공학자들이 침묵하면서 보고하길 꺼려하는 동안 사보타주의 사례들이 있어왔으나 지금은 상황이 변했다고 한다.

농민들은 지금 암시장에서 물건을 팔 수 있는데, 집단농장에 속한 상황에서도 가능하다고 했다.

듀란티 씨는 그래도 당은 두 가지 마르크스주의 원칙을

야고다                                      아쿨로프

지키려 할 것이라고 생각했다. 그도 제3인터내셔널의 쇠퇴
에 동의하면서 트로츠키의 세계 혁명을 통한 영구혁명론보
다는 스탈린의 일국사회주의론을 옹호했다. 그는 스탈린이
이렇게 언급한 점을 인용했다. "세계혁명은 언젠가 필연적
으로 일어날 것인데, 왜 걱정하는가? 우리는 그저 인민의
마음을 준비시킬 수 있을 뿐이다."

　스탈린 권력의 비밀이 최근 화제에 오르고 있다. 유능한
반면 다혈질이고 자기주장이 강했던 트로츠키를 스탈린이
축출한 과정은 놀랍다. 스탈린은 특별한 수법 그러니까 포

기한 척 성취하는 방식으로 자신의 위치를 유지하고 세력을 확장해왔다. 그는 드러내기보다 당의 권위로 자신을 감쌌다. 물론 그것은 그 자신의 의견이었고, 그의 의지와 부합했다.

미국의 역사가이자 저널리스트인 윌리엄 헨리 체임벌린<sup>W.</sup> H. Chamberlain은 이 수법을 재미있는 일화로 전한다. 한 외국인 저널리스트가 스탈린과 같은 여름 휴양지에 있는 동안 그와의 면담을 신청한 모양이다. 그 답변이 왔다. "스탈린은 당의 명령이 아니면 절대 인터뷰를 하지 않습니다." 이 "강철 사나이"<sup>스탈린 이름의 뜻―옮긴이</sup>는 이렇게 당의 원칙과 자신을 동일시하고 자기를 앞세우는 화려한 리더십과는 상반된 공산주의식 통치를 강조했다.

모스크바의 농민의 집(Дом Крестьянин)에서 우리는 도시에 들르는 농민들을 교육하는데 사용하는 농경 전시관을 관람했다. 수년 전에 건립된 이 전시관은 시골에서 고충 사항들을 취합해 대표로 파견되는 농민들에게 제공되는 하숙집, 클럽, 무료 법률 지원의 기능을 결합한 것이다.

커다란 전단 하나는 아주 전형적인 것이었다. 제목은 "종교는 억압을 위한 무기다"였고, 그림에는 큼지막한 성경이 노동자들의 등을 짓누르고 있었다. 성경 위에는 야회복을 차려입고 실크해트를 쓴 추악한 모습의 자본가가 있고 그 곁에는 교황이 있었다.

스탈린

소비에트 연방의 종교 관련 포스터

농민의 집 사방에 사실과 수치가 가득했다. 한 가지 예는 다음과 같다.

"아르텔에서 24퍼센트가 이를 닦는다. 코뮌에서 31퍼센트가 이를 닦는다!"

우리는 한 공장의 전형적인 노동자 클럽을 방문했다. 5천 명의 노동자가 다양한 모둠방을 갖추고 응급처치, 기계, 전쟁물자, 음악, 연극에 특화된 이 클럽을 이용해왔다. 이뿐 아니라 훌륭한 대형 극장도 갖추고 있다. 예외 없이 모두 방독면과 무기 등의 사용법을 포함하는 군사 훈련 과정을 이수해야 한다. 수업 일정은 전부 근로 시간 이후에 잡혀 있는데, 당원에게는 의무다. 공장 노동자의 75퍼센트가 당원이거나 콤소몰 단원이다. 한 달에 12회, 9시간 30분가량의 수업은 필수 군사 교과로 배정되어 있다.

나태와의 전쟁은 방식 면에서 흥미롭고 실천면에서 효율적이다.

"공장에 진짜 무덤들로 이루어진 묘지가 있습니다." 우리에게 클럽 건물 주변을 구경시켜주던 한 열혈 청년이 말했다. "누군가 게으름뱅이거나 주정뱅이라면, 그 사람 이름을 무덤의 십자가 위에 적어 놓습니다. 그리고 우리가 주정뱅이 만화를 그리면서 그림 밑에 그 사람 이름을 써넣는 겁니다. 음주를 중단시키고 치료를 하기 위해서 최면요법을 이용하기도 합니다."

이 청년 노동자는 그들의 모토를 설명했는데 이렇다.

"혁명은 스스로 방어할 수 있지 않으면 지속될 수 없다."

"우리는 전원 기계를 만지다가도 뛰쳐나가서 총을 잡고 외세의 침략에 맞설 준비를 해야 합니다." 이 청년의 말이다.

# 레닌 부인, 크룹스카야와의 만남

## 14일차

오늘 아침 패터슨 부인과 그녀의 아들, 나 이렇게 셋이서 전직 매춘부를 위한 시설을 견학했다. 성매매 여성들은 병원 치료를 받은 후에 이곳으로 보내진다. 당국은 그들의 삶을 변화시키려고 한다. 그들에게 건전한 환경의 일거리, 임금, "문화"를 제공한다. 이 시설에는 120명의 여성이 있다. 이들이 하는 일은 기계를 이용한 면 스타킹 제조다. 이곳에서 조자 돌격 노동자들이 있어서 기록이 적힌 붉은 기장을 보여주고 있다.

우리는 레닌의 부인 나데즈다 크룹스카야<sup>Nadezhda Krupskaya</sup>를 만나는 특권을 누렸다. 크룹스카야 여사는 60세로 아주 친절하고 소박하며 건강했다. 아쉽게도 그녀는 불어를 못하고 소련어만 가능해서 나로서는 그녀가 하는 말을 이해할 수 없었다. 그러나 나는 그녀의 표정을 통하여 그녀가 교육에 열의를 가지고 있고 그것을 외국인들에게 말할 때 자랑스러워한다는 것을 알 수 있었다.

크룹스카야 여사는 가는 백발을 뒤로 바짝 빗어 넘겼고 입은 살짝 일그러졌으며 눈꺼풀은 무겁게 부풀어 있었다. 한쪽 눈은 약간 충혈 되어 있었다. 그러나 그녀의 미소는 아이들을 향한 진심어린 공감과 사랑으로 가득했다. 그녀의 말은 막힘없이 명확하고 간결했으며 상당한 논리를 가지고 있었다. 진정 훌륭한 인물과 가진 멋진 인터뷰였다.

그녀가 소련의 초등 교육 책임자로 있는 상황이라 교육이 인터뷰 주제였다. 그녀가 말한 몇 가지 요지를 소개하면 다음과 같다.

교육은 아동과 노동자에게 생산에 관한 모든 것을 가르쳐야한다. 그녀는 언제나 생산이 아주 중요하다고 강조했다. 어린이들이 공장, 광산, 농장에 대해 또 생산을 어떻게 증대하는지 배워야한다고 그녀는 설명했다. 노동자들도 배워서 다른 이들을 도와야한다.

노동자 사이에 배움에 대한 큰 욕구가 있고 일부 공장에서는 실제로 모든 노동자들이 저녁 수업에 참여한다.

크룹스카야(맨 오른쪽)

학습한 노동자들이 집단농장으로 나가서 농민을 상대로 조직을 가르친다.

공장들은 집단농장과 특별한 관계를 맺고 노동자들은 공장에서 콜호스로 가서 농민들에게 조직화 능력을 전수한다. 공장 노동자들은 집단 작업과 조직 방식을 학습해온 반면 농민들은 혼자 일하는데 익숙하기 때문이다.

이런 식으로 공장 노동자는 농촌에 작업방식과 조직화에 대한 자신의 경험을 전수한다. 문화 교육도 전수한다. 농민들에게 읽고 쓰는 법을 가르친다. 이것은 문화적 관점뿐 아니라 집단농장의 운영방법을 안다는 측면에서 필수적이다.

장부를 관리하고 계약을 맺으며 계산하고 예산을 세우는 것이 필요하다.

크룹스카야와 레닌

그 다음으로 크룹스카야 여사가 말한 것은 아동과 기술 교육이었다. 기술 교육은 현재 대대적인 모토가 되어 있다. 아동에게 노동자가 되는 동시에 산업의 집단 운영자가 되도록 가르치는 것이 교육목표다. 그래서 미래 시민은 생산에 참여해야 한다는 것에 방점을 찍는다. 각 학교는 공장이나 집단농장과 협약을 맺고 있다. 학생들은 자주 공장을 견학하고 기계를 조작하는 실제 경험을 통하여 생산에 대해 학습한다. 학생들이 집단농장에 가는 경우에는 농촌의 삶에 대해 배우고 이들도 역시 농민에게 문화를 전수한다.

예를 들어 이번 여름 500명의 어린이들이 모스크바에서 크림Crimea, 옛 소련 자치공화국으로 제2차 세계대전 후 우크라이나 공화국에 편입 —옮긴이으로 향했다. 아이들은 하루에 4시간씩 일함으로써 소련 어디서나 나타나는 노동력 부족을 해결하는데 도움을 주었다. 아이들은 쉬는 시간에 소풍을 가거나 목욕 또는 게임을 했다. 그리고 건강하고 행복한 모습으로 각자의 집으로 돌아왔다.

노동자와 농민은 어디서나 읽고 쓰기를 배우고 있다. 80대의 노인 중에도 배우려고 노력하는 사람들이 있다. 사라토프에서 문맹과 싸우는 피오니에르 운동이 일었다. 피오니에르들아 가가호호 방문하여 문맹과 비문맹으로 분류하고 문맹을 수치스러운 일이라고 압박했다. 그들이 수업을 짜고 문맹자들을 가르친 결과 현재 사라토프에는 문맹이 없다.

도시의 마을마다 문화 센터, 유치원, 도서관이 있다. 소촌이 많이 모여 있는 지역의 경우에는 중심이 되는 마을 한 곳을 문화센터로 만들었다.

"물론 우리는 학교에서 종교를 가르치지 않아요." 크룹스카야 여사가 말했다.

"한 독일인 교사가 내게 편지를 보내서 혹시 우리가 모든 어린이가 함께 사는 어린이 마을을 만들 생각이냐고 묻더군요. 나는 이렇게 답장을 보냈지요. '아뇨, 그건 오해입니다. 아동은 저마다 가족과 관계를 유지해야 합니다. 아동이 삶에 대해 공장에 대해 또 노동자에게 대해 배워야하니까요.' 대신에 신축하는 대규모 공동주택 1층을 전부 아동을 위해 할애하려는 생각은 가지고 있어요. 소련에서 어머니들은 거의 전부가 일을 하고 있음을 기억해야 합니다. 그들 또한 배우고 싶어 하고 극장에 가고 싶어 합니다. 그래서 육아의 짐을 덜고 그 시간을 학습에 사용할 때 기뻐하지요."

우리는 이곳의 중심병원을 방문한 한 미국인 의사로부터 재미있는 얘기를 들었다. 그는 병원에 대해 파리 떼를 제외하고 좋은 인상을 받았다. 그가 병원 관계자들에게 그런 말을 하자 파리는 차르 집권기의 유물이라는 변명의 말을 들었다고 한다.

이른 저녁식사를 한 후에 8시 30분부터 10시까지 유명한 붉은 광장과 레닌의 묘를 방문했다. 거대한 광장은 탐조등으로 밝혀져 있었다. 불빛이 옛 크렘린 성벽을 비추고 그 꼭대기에서 붉은 깃발이 있었다. 묘는 벽면 가까이에 세워져 있었다. 붉은색과 검은색 대리석으로 만든 단순하면서도 아름다운 건축이었다. 1,500명이 2열로 나란히 줄을 서서 입장을 기다리고 있었다. 두 초병이 움직임 없이—뚜껑을 유리로 만든 관의 양쪽에 한명씩—서 있었다. 관에 소련의 위대한 인물이 누워 있었다. 사람들의 발소리 외에는 조용했다. 우리는 7년 전에 죽은 시신을 보는 전율 속에서 발걸음을 옮겼다.

크룹스카야 젊은 시절

레닌 묘

# 볼가 강 선상에서 만난 사람들

## 25일차

우리는 어제 배편으로 볼가 강을 내려가기로 했으나 오늘까지도 그러지 못했다. 어제 출항하기로 한 배가 아직 항구에 묶여 있다. 우리는 증기선(외륜선)에 승선한 상태였다. 오전 11시에 출항 예정이었다. 증기선은 예정대로 물길을 갈랐고 8시간 후에는 마침내 니즈니노브고로드<sup>Nizhni Novgorod</sup>를 벗어났다. 춥고 비까지 내려서 침상 외에는 앉아있을 공간이 없었다. 승무원 중에서 한 기술자와 대화를 나누었다.

"나는 당원입니다. 지금 승무원 중에 4명만 당원이고 후

보도 6명밖에 없어요. 전체 승무원은 46명인데 말이죠. 어떤 선박에는 공산당원이 딱 한명 뿐인 경우도 있습니다. 왜 냐고요? 승무원들은 대부분 농촌 출신이어서 사유 재산 같은 걸 믿기 때문입니다. 농민들은 집단농장을 좋아하지 않아요. 이해하지 못하니까요. 농민 상당수는 스스로 소련인이 아니라 외국인 같다고 생각합니다. 미신을 믿기도 하고요."

우리는 온종일 음식 구하는데 애를 먹었다가 간신히 담배를 더 준다는 조건으로 식당 승무원의 관심을 끄는데 성공했다. 그래서 얻은 음식은 아주 비쌌지만 양질은 아니었다.

배의 3등석과 4등석은 승객으로 가득 찼다. 커다란 꾸러미들을 든 농민들은 지저분한 행색이었고, 많은 갓난아기들이 바닥에 다닥다닥 붙어 있었다. 천명은 되는 것 같았다. 냄새!

한 의사의 아내가 말했다.

"추방되는 거냐고요? 농민들은 굶어 죽으라고 이렇게 한 꺼번에 쫓겨 가는 거죠. 이렇게 추방되는 이유는 딱 하나 평생 열심히 일했기 때문이에요. 농민들을 이런 식으로 대 하다니 정말이지 끔찍해요. 농민에게 아무 것도 주지 않아 요. 배급표마저 주지 않는다고요. 농민들을 타슈켄트<sup>Tashkent,</sup> 우즈베키스탄의 수도—옮긴이로 강제이송하고 그냥 광장에 방치해 버리죠. 이렇게 쫓겨난 사람들은 어떻게 해야 할지 속수무책이고 대다수가 굶어죽어요."

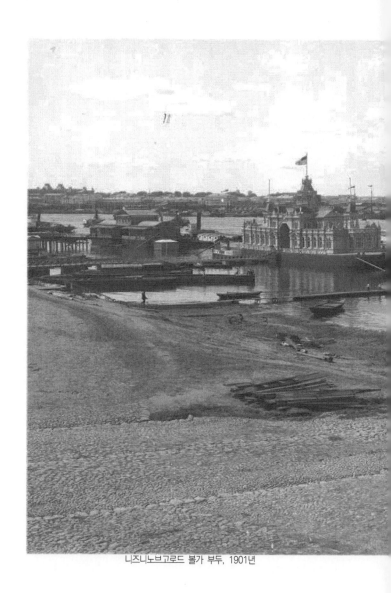

니즈니노브고로드 볼가 부두, 1901년

볼가 강을 오가던 증기선

뱃머리 쪽 객실에는 아늑하고 좋은 휴게실과 식당이 있었
지만 우리가 요청을 해도 그곳을 개방해 주는 승무원은 없
었다. 담당 승무원은 예정 시간 전에 그곳을 개방하는 것은
명령위반이라는 말만 되풀이했다. 우리는 결국 논쟁과 담배
로 그를 녹초로 만들었다.

그렇게 잠자리에 들고 보니 앞으로의 여정이 더 암담하게
느껴졌다.

## 26일차

어찌어찌해서 우리는 아침으로 간신히 계란 몇 개를 구하고 여기에 우리가 가져간 플로리다 산 그레이프프루트(감귤류)를 약간 곁들여 먹었다.

한 소련 공학자와 대화를 나누었다.

"9월 1일부터 공학자를 일등급에 포함한 건 잘한 일입니다. 생활이 더 나아지기를 바라고 있어요. 아이들이 입학허가를 받아서 학교에 갔으면 좋겠고요. 우리는 최하층이었죠. 이제는 공장 노동자와 대등해졌어요.

강제노동이요? 물론 있죠. 선택의 여지가 없어요. 내 일도 강제노동에 속합니다. 우랄 지역에 있는 일터로 가야하니까요.

공산주의자인척 하는 젊은이들 중에는 종교를 믿는 사람들이 많아요. 내 친구 하나는 단순히 함께 일하는 동료들이 많이 가입했다는 이유만으로 공산당원이 됐지요. 나는 진심으로 당원이 된 사람은 거의 없다고 봐요.

민족주의가 아주 강해요. 이곳의 타르타르 사람과 다른 민족은 소련인을 미워합니다. 지역 민족주의를 광적으로 만들어 버렸어요.

소련 인텔리겐치아intelligentsia는 여전히 자유를 갈망합니다. 자유의 결여로 인간의 자존감이 떨어지고 있어요."

오늘은 날이 청명하고 포근하여 우리는 상층 갑판에서 시간을 보냈다. 그런데 갑자기 고함 소리가 들려왔다.

"선실로 돌아가시오!"

우리 모두는 안으로 들어가 창문을 닫았고 그 동안 증기선은 한 철교 밑을 지나갔는데 총을 가진 보초들이 철교를 지키고 있었다. 그 보초들이 갑판에 서 있는 사람을 무차별 사격한다는 말이 들려왔다. 소련의 철교는 예외 없이 보초들이 지키고 있는데 사보타주를 차단하기 위함이었다. 상황을 알고 나니 기분이 묘했다.

오후에 카잔에 들렀다. 흔히 그러듯이 사람들이 몰려와 배에 타려고 했다. 그 많은 사람들이 그 커다란 궤짝이며 꾸러미며 아이들까지 들쳐 메고 서로 비집고 움직인다는 건 불가능해 보였다. 보통은 누군가 뭔가를 잊어버리거나 엄마가 아이를 잃어버리는 바람에 경유지마다 극적인 드라마와 비극이 연출되곤 했다. 집시 무리가 주전자와 냄비, 천막 지지대와 이런저런 잡동사니를 배에 싣는 동안 소란을 피우며 즐거워했다. 그들은 선내 통로 안팎을 종종거리다가 넘어지기 다반사였고 무척이나 시끄러웠다.

그러나 우리가 본 진짜 비극은 부두 가까운 제방에 있었다. 백 명 가량의 남녀와 아이들이 시무룩하고 침울하게 제방에 앉아서 기다리고 있었다. 추방되기를! 그들은 쿨라크, 미움 받고 쫓기는 쿨라크였다. 먹먹한 광경이었다. 나는 그토록 실의에 빠진 사람들을 그때까지 본 적이 없었다.

# 콜호스(집단농장)

## 28일차

오늘은 집단농장! 단순히 정거장 하나와 15채의 가옥으로 이루어진 이웃 마을로 가는 30분의 여정이건만 딱딱한 좌석에 앉아있기가 참 괴로웠다.

소련의 열차에는 두 등급의 객실 요컨대 "소프트$^{soft}$"와 "하드$^{hard}$"가 있다. 전자는 4인용 쿠션을 구비한 칸막이 객실이고, 후자는 딱딱한 2단 나무 선반을 쭉 이어놓은 것이다였다.

1.5킬로미터쯤 거리에서 트랙터 한 대가 탈곡 중이었고, 일꾼들의 쇠스랑이 오후 태양 아래서 번쩍이고 있었다. 우

리는 그쪽으로 걸어갔다. 가서 보니 국영농장의 탈곡조였고 30명가량의 조원들은 대부분 여성으로 탈곡 작업에 꽤 능숙해 보였다. 우리가 도착했을 때는 일이 거의 다 끝나서 곧 트랙터의 엔진이 그르렁거리다가 꺼졌다. 그들은 내 카메라를 보고는 사진을 찍고 싶어 했다.

25세가량 되는 여성이 말했다.

"우리의 비참한 삶은 언제나 끝이 날까요? 우리는 힘들게 살았고 지금도 몹시 힘들게 살고 있어요. 전쟁이 일어나기를 바라고 또 바라죠. 그 다음엔 반란이 일어나기를.(이 대목에서 그녀는 의미심장한 눈길을 보냈다) 그들은 일주일 내내 우리 소를 가져가서는 가두어놓고 먹이지도 않아요. 지금 우리는 가진 게 아무 것도 없어요. 농지는 빼앗기고 이곳에서 강제로 일해야 해요. 그들은 아무것도 주지 않아요. 하루에 12시간 일해요. 이전보다 천배는 더 나빠졌어요. 굶는 거나 마찬가지죠. 하루에 우유 약간과 빵 500그램이 고작이고 고기는 없어요."

농민들이 계속 "그들"이라는 3인칭으로 일컫는 이들은 공산당원이었다. 여전히 많은 사람들이 공산주의를 외래의 이질적인 것으로 느끼는 듯 했다.

"저기 두 사람 있잖아요." 트랙터 기술자인 그 여성이 붉은 셔츠를 입고 흰색 말을 타고 있는 남자를 가리키면서 말을 이었다. "공산당원들이에요. 저들은 시간이 많죠."

"붉은 셔츠"는 모든 여자들과 입을 맞추면서 주변의 사람들에게 명령을 내리고 있었다. 트랙터 기술자는 우두커니 서서 주변을 공허한 시선으로 바라보았다.

다른 여성들도 같은 얘기를 했다.

우리는 여성들과 헤어진 후 5~6 베르스타<sup>verst, 러시아의 옛 거리 단위로 약 1.067킬로미터―옮긴이</sup> 거리에 있는 완만한 스텝지대 기슭에 보이는 작은 마을을 향해 출발했다. 낙타가 끄는 마차 두 대가 지나갔는데, 우리는 오렌지색 하늘을 배경으로 멀어져가는 그 실루엣을 바라보았다. 그때 별들이 나왔다. 우리는 어두운 거리를 지나, 창가에서 밝은 빛이 새어나오던 한 작은 집 앞에 닿았다. 우리가 집 안으로 들어가자 수염 기른 남자 몇 명이 탁자에 어지러이 널려 있는 회계장부와 서류들을 앞에 두고 옹기종기 앉아있었다. 그들은 벌떡 일어서서 우리를 반겨주며 질문을 해대기 시작했다. 그 조붓한 방에 점점 더 많은 사람들이 모여들어서 발 디딜 틈이 없을 정도였고 냄새도 지독했다!

그들은 우리가 가지고 있던 낡은 《코스모폴리탄》 잡지를 보고 특히 삽화들을 보고 인상이 깊었나보다.

"카카야 크라시예바야 카르티나! (그림들이 멋지네!)"

우리는 작은 군모를 쓴 키가 작고 눈매가 예리한 청년(회장)과 수염이 텁수룩하고 목소리가 큰 유쾌한 남자(부회장)를 만났다.

그곳이 스탈린 콜호스, 4,000명이 거주하고 있었다. 사방에서 우리를 향해 질문이 쏟아졌다.

"미국에선 언제 혁명이 일어난답니까?"

"영국이 전쟁을 원한다는 게 사실이오?"

"우리 소련을 평화로이 살게 놔둘 수 없는 거요?"

"영국과 미국에서 수많은 노동자들이 죽어가고 있지 않나요?"

많은 질문을 받고 나니 우리는 무척 배가 고파졌고, 부회장이 저녁식사를 하자며 우리를 자기 집으로 데려갔다. 여느 집과 똑같아서 거실에는 지저분한 유포(油布)를 간 탁자 위에서 낡은 석유램프가 타고 있었다. 벽을 따라서 의자 3개와 벤치 하나, 가족의 식기류가 보관된 전면 유리 찬장, 한쪽 구석에 있는 침대 하나와 거실 중간까지 뻗어있는 커다란 벽돌 스토브.

그 집에서 우리가 만난 "부인"과 다섯 아이들은 모두 (특히 두 꼬맹이) 아주 지저분해 보였다. 아름다움과 청결함은 결여되어 있었지만 손님에 대한 환대에는 무엇 하나 빠진 것이 없었다. 그들 가족은 우리에게 삶을 콩을 데워주고 수박과 차를 자랑스럽게 내놓았다. 모두가 수박씨를 바닥에 뱉었고, 잠시 후에 누군가 씨를 한쪽 구석으로 쓸었다.

안주인이 이렇게 말했다.

"아이고, 정말 끔찍해요! 우리는 젖소 세 마리, 말 두 마리, 양 한 마리, 닭 10마리를 키웠죠. 그런데 지금 보세요. 마당은 텅텅 비어 있고 병아리 두 마리만 남아 있다고요. 하루에 얻는 우유라곤 500밀리리터가 고작이에요. 전에는 원하는 만큼 있었어요. 젖소 한 마리로 하루에 15리터를 짰으니까요. 애들이 저리 창백하고 아파 보이는 이유죠. 땅도 젖소도 없는데 어떻게 나아지겠어요?"

벽돌 스토브

회장이 우리에게 작별 인사를 하러 왔다가 당연히 눌러 앉아서 대화에 동참했다.

"이 마을에는 쿨라크 40가구가 있었습니다. 우리가 그들을 전부 내쫓았습니다.(자랑스러워하는 말투로) 마지막 사람을 보낸 게 불과 한 달 전입니다. 우리가 그 쿨라크 가족 전부를 추방한 건 쿨라크를 발본색원해야하기 때문이죠! 그들은 솔로베츠키(Соловки)나 시베리아로 가서 나무를 베거나 철로에서 일을 합니다. 그곳에서 6년 후 결백을 증명하면 돌아올 수 있습니다. 최고령자들 이를테면 아흔 살 이상은 소련에 위험요소가 아니기에 여기 남겨놓았지요. 이런 식으로 쿨라크를 청산하는 겁니다!

6월과 7월에 반문맹 운동을 벌였습니다. 문맹자가 아주 많았으니까요. 우리가 그 문맹자들을 청산하여 지금은 한 명도 남아있지 않아요."

상상이 가는가!

이쯤부터 우리는 무척 졸린 나머지 그렇다고 말했다. 집주인은 자신의 침대를 내주었으나 우리는 바닥에서 자는 게 더 좋다고 말했다. 모든 창문을 꼼꼼히 닫고 네 아이가 바닥의 낡고 지저분한 침구 더미에 잘 들어가 있는지 또 우리의 잠자리까지 확인한 후에 집주인은 불을 껐다. 후우, 굉장한 밤이었다! 바짓단을 양말 속에 단단히 집어넣는 등 애를 썼는데도 빈대와 벌레 때문에 도저히 눈을 붙일 수 있는 상황이 아니었다.

## 29일차

아침식사를 하는 동안, 간밤에 유쾌한 얼굴로 우리에게 많은 질문을 하면서 공산 정권에 대한 예리한 통찰로 깊은 인상을 남겼던 남자가 들어왔다. 그는 집주인인 부회장과 귓속말을 나누더니 우리가 식사를 하던 자리로 다가왔다. 그의 얼굴 표정과 태도는 어제와 딴판이었다. 유쾌한 열렬 지지자가 완전히 낙담해 있었던 것이다.

"이건 너무해요." 그가 고개를 절레절레 흔들면서 말했다. "말할 수 없어요. 그랬다가는 추방될 겁니다. 그들이 소를 가져가 버려서 지금 우리 수중에 남은 거라고는 빵부스러기 한 조각 밖에 없어요. 혁명 이전보다 나빠졌어요. 나빠도 너무 나빠졌다고요. 그래도 1926년과 이듬해 27년은 호시절이었건만!"

물론 나는 그가 무슨 말을 하는지 단번에 이해하진 못했다. 그러나 놀라울 정도로 변해버린 그의 표정으로 미루어 완전히 다른 이야기를 하고 있다는 건 분명했다. 놀라운 반전, 그러면서도 공산당의 열렬지지자들 사이에서 빈번히 나타나는 전형적인 일이라서 중요하다는 생각이 들었다. 다시 말해서 그들은 심각한 의심과 비밀스런 고통을 적잖이 지니고 있었다.

그 남자는 우리를 데리고 다시 사무실로 갔다. 많은 농민들이 주변에 서 있었다. 그들은 우리를 물끄러미 쳐다보았고 뒤통수 쪽에 모자를 올려 쓴 한 노인이 나타나 인사를 건넸다.

"동무는 별일 없으세요?" 우리가 물었다.

"콜호스에 있는 건 끔찍해요." 그가 목소리를 낮추고 말했다. "그들이 내 소와 말을 가져가 버렸어요. 우리는 굶주리고 있어요. 그들이 우리에게 무엇을 줬는지 보세요. 아무 것도! 아무 것도 주지 않았어요! 아무 것도 남아있지 않은데 어떻게 살라는 거죠? 우리는 아무 말도 해서는 안돼요. 입을 뻥긋하면 그들이 다른 사람들한테 그랬듯이 우리도 추방할 거라고요. 어린 친구들, 오늘 이 마을에서 모두가 울고 있다오."

우리가 떠나기 위해 발길을 돌리자 그 노인이 어두운 복도까지 따라 나왔다. 느닷없이 그가 우리의 팔을 붙잡더니 쉰 목소리로 속삭였다.

"제발, 아무 말도 말아줘요."

바깥에 말 한 마리가 기둥에 묶여 있었다. 그렇게 비쩍 마르고 방치된 말은 처음 보았다. 좀 전의 그 노인이 말했다.

"저게 내 말이었어요. 지금은 콜호스 소유가 됐지만. 내가 잘 먹여놨는데, 지금 저 꼴을 봐요. 앙상해져서 풀이 죽어 있잖아요." 그가 한때 자신의 좋은 말을 자랑스러워했다는 건 쉽게 알 수 있었다. 지금은 그 말을 돌봐주고 개인적인 관심을 가져주는 사람이 없었다.

바로 그때 붉은 셔츠를 입은 한 아이가 사무실 건물에서 나오더니 씩 웃고는 말에 올라탔다. 아이는 채찍과 뒤꿈치를 이용하여 전속력으로 말을 달렸다. 노인은 아이의 뽐내기를 두 눈으로 좇았다. 그는 말이 없었지만 무척 슬퍼보였다.

이 장면은 내게 큰 인상을 남겨서 소련이 돈이라는 유인책을 쓸 수는 있겠지만 개인소유의 자부심을 대체할 순 없을 거란 생각이 들게 했다. 두고 보면 알겠지!

우리는 다시 부회장의 집으로 향했다. 돌아가는 길에 식당으로 사용하는 한 집으로 가보았다. 50명가량이 자리를 잡고 있었다. 익숙한 풍경처럼 파리 떼가 극성이었던 그곳은 청결과는 거리가 멀었다. 식사 중인 사람들은 대부분 여자들이었다. 그들은 아주 묽은 쉬(щи, 양배추 수프)와 흑빵을 먹고 있었다. 우리가 들어가자 소란이 일었다.

"보세요." 한 여자가 소리쳤다. "그들이 우리한테 뭘 줬는지 보세요! 이게 우리가 먹을 수 있는 전부예요! 형편없고 고기도 없잖아요! 게다가 저들은 우리 젖소들을 가져가 버렸다고요! 콜호스가 모든 걸 가져갔어요! 이렇게 주린 배로 어떻게 일을 하겠어요?"

이쯤에서 음식 냄새가 우리를 자극하기 시작했다. 그곳에서 나온 우리는 근방에 있다는 괜찮은 농장과 공장 주방을 떠올렸다.

마당으로 나왔을 때 한 75세가량의 매력적인 노인이 우리를 향해 다가왔다. 그는 파란 셔츠와 누더기 바지를 입었고 랍찌lapti, 자작나무를 엮어 만든 신발—옮긴이를 신고 있었다. 그는 우리에게 인사를 건네면서 파란 모자를 벗었다.

"플로하! 플로하!(Плохо, 나쁘다는 부정의 의미)" 그가 신음하듯 불만을 토로했다. "내 드보르(двор, 마당)가 비었다오. 말 세필과 젖소 세 마리를 가지고 있었지만 지금은 그들이 가져가 버렸다오. 점점 더 나빠지고 있소. 이거야 개 같은 삶이지!"

이 말을 듣고 있던 한 중년여자가 기다렸다는 듯이 소리를 질렀다.

"거참 딱하게 됐구려! 댁은 한때 말이랑 젖소랑 가졌을 때 '빈농'*인 우리를 눈곱만큼도 불쌍히 여기질 않았죠. *당시 부농인 쿨라크, 중농seredniak, 빈농bedniak으로 나뉘어 빈농으로 하여금 부농과 중농을 상대로 계급투쟁을 장려하고 있었다—옮긴이 난 불평도 못하죠. 소도 말도 없었으니까. 내 남편은 '백군'*이 여기 왔을 때 죽임을 당했어요. 하지만 난 지금이 더 좋다고요!" *볼셰비키 혁명 이후 권력을 잡은 적군과 과거의 권력집단이 주력인 백군의 적백내전이 치열해졌는데, 노동

—옮긴이

볼셰비키 혁명으로 뭔가를 얻은 사람들은 바로 이 농민 가운데 최빈곤층이다. 이들이 새로운 정권에 긍정적인 말을 하는 유일한 농민 집단이라는 것은 의미심장하다.

기차 시간이 임박했다. 마차가 우리를 데리러 왔다. 우리는 서둘러 마차에 올랐다. "잠깐! 기다려요!" 누군가 소리쳤고, 마부가 내리더니 뛰어갔다. 마부는 곧 좋은 수박 네 개를 들고 돌아와서는 우리에게 그걸 다 가지고 가야한다고 고집을 피웠다.

마차는 엄청난 속도로 마을을 빠져나갔다. 사람들은 손을 흔들며 웃었고 또 손을 흔들었다. 돌아보는 동안 작은 집들이 완만한 언덕에 가려져 하나둘 시야에서 사라져갔다.

니콜라이 부하린이 출간한 《프로젝타르Прожекто》지(1926년 5월)에서 농민을 분류한 사진. 맨 위로부터 빈농, 중농, 부농.

# 트랙터 공장
## 하리코프
### 38일째

 

스튜어트, 제임스&쿡의 사무실을 방문했다. 유감스럽게도 콜 씨는 부재중이어서 우리는 우크라이나의 현재 상황에 대해 알려줄 몇몇 사람들과 얘기를 나누었다. 그 회사는 우크라이나에서 탄광 장비를 만들고 있었다. 그곳에 콜레라와 이질 같은 전염병이 돌고 있다는 소식을 접했다. 여러 제반 상황이 심각한 수준이었고 식량 사정은 1년 전에 비해 더 나빠졌다고 한다. 당에서 노동자들을 소떼처럼 취급한다는 말도 있었다.

"당에선 농민들을 숙련된 광부로 만들 수 있다고 생각해요. 빠른 시일 내에 불가능한 일이죠. 저 노동자들은 하루에 0.5톤의 석탄만 채굴할 수 있어요. 아주 비효율적이죠. 장비를 계속 고장 내고 모든 게 엉망진창이니까요. 터지기 일보직전이에요! 물론 운송까지 최악입니다. 그러니 제대로 공급조차 할 수 없는 거죠."

오후에는 조만간 조업을 시작한다는 신축 트랙터 공장에 갔다. 이 공장에서 년 50,000대의 트랙터를 생산할 예정이라고 한다.

우리가 처음 받은 전반적인 인상은 현대식 공단 건물들이 주변의 진흙더미에서 머리를 쳐들고 있는 모습이었다. 공단 내의 직업학교에 갔더니 그리 똑똑해 보이지 않는 젊은 농민들이 선반과 장비 사용법을 배우고 있었다. 나한테 그 아둔한 녀석들을 가르치라고 한다면 질색할 것이다.

한창 실랑이를 벌인 끝에 간신히 공장 안으로 들어가 조립과 기계 공정을 볼 수 있었다. 미국인 기술자들이 곳곳에서 설비 작업을 하고 있었다. 그들은 이구동성으로 똑같은 얘기 그러니까 소련인들은 기계에 큰 호기심을 가지고 있으며 그것으로 무엇을 할지에 대해선 깊은 생각 없이 그냥 가지고 싶어 한다고 했다.

지난 주 《모스코바 뉴스》에 이 공장 외부에 3대의 트랙터를 놓고 찍은 사진이 실렸다. "1차분 3대가 모습을 드러내다"라는 제하의 기사였으나 그 트랙터들은 단순히 그 사진을 찍기 위하여 스탈린그라드<sup>볼고그라드Volgograd의 옛 이름—옮긴이</sup>에서 공수해온 것이었단다! 이 공장에서 트랙터를 생산하기까지 몇 주는 더 기다려야 할 터다.

오늘밤 우리는 키예프<sup>동부의 옛 도시, 현 우크라이나의 수도—옮긴이</sup>행 열차에 몸을 실었다.

## 키예프
### 39일차

우리에게 온 우편물을 받았다는 이유에서 키예프는 괜찮은 곳이었다. 호텔은 아주 화려한 바로크 양식으로 지은 옛 건물이었다. 피아노, 욕실, 좌절된 짝사랑 같은 주제를 표현한 몇 점의 감상적인 조각상들도 있었다. 현대식 레스토랑이 있어서 유럽에 와 있다는 생각을 하게 만드는 "스포츠 파크"에 갔을 때는 깜짝 놀랐는데, 주문한 음식이 나왔을 때 비로소 우리가 착각했음을 깨달았다.

키예프는 매력적인 옛 도시로 많은 고대 교회와 멋진 가로수가 있었다. 우리는 어느 공원을 거닐다가 멋진 화단을 발견했는데, 꽃을 "1,040"과 "518"이라는 두 개의 숫자 모양으로 배치해 놓았다. 숫자들은 무엇을 의미하는 걸까? 1,040곳의 농기구 공급처<sup>The Machine Tractor Station, MTS</sup>와 518

개의 공장설비가 1931년 준공 예정이었다. 그걸 꽃으로 말
하다니!

1932년 우크라이나 대기근 당시 하리코프에서 길게 늘어선 빵 배급 줄

우크라이나 들판의 트랙터, 1931년

Тов. Ленин ОЧИЩАЕТ землю от нечисти.

소비에트 연방 포스터, "레닌 동무가 세계의 오물을 척결하고 있다."

# 귀국길

40일차

오전 11시에 문명을 향해 출발했다. 스파이어 씨와 그의 비서를 열차에서 만났는데 그들은 무척 기분이 좋아보였다. 오후 7시에 우리는 소련-폴란드 접경지에 도착했다. 한 시간의 시간적 여유가 있어서 한 작은 폴란드 식당에서 식사를 했는데 음식이 아주 좋은 편이었다. 세관은 굉장히 까다로웠다. 세관원들이 작은 보석함을 열어보았고 그들 중에서 아무도 영어를 사용하지 않으면서도 편지를 모조리 꺼내보았다. 그 다음 다른 열차로 갈아타고 소련-폴란드 국경마을에 도착했고 그곳에서 또 세관을 통과해야 했다. 이곳에서 세관원들은 소련 문학서에 호들갑을 떨면서 빼앗아가더니 그 책을 다시 돌려주면서 우리에게 밀봉한 여행 가방에 넣어서 베를린 행 배편으로 미리 부치라고 했다. 한 괜찮은 국제 침대차 회사의 야간 운행을 이용하여 바르샤바로 향했다.

## 41일차
### 귀국길

우리가 바르샤바에 도착한 시간은 오전 7시였다. 아침 식사를 하고 한 시간 동안 차편으로 도시를 둘러보았다. 소련을 다녀온 후라서 그런지 평범한 옷차림을 봐도 얼마나 인상이 깊던지 이상한 노릇이었다.

오늘 저녁 7시 30분, 드디어 베를린! 다시 한 번 누리는 자유의 거대한 전율과 진짜 괜찮은 식사의 즐거움. 소련에서의 일들이 벌써부터 상상을 초월하는 마력과 무용담의 색채로 덧씌워지기 시작했다.

물론 소련인들의 고초는 이제 들리지 않는 속삭임에 불과하지만 우리가 겪은 가장 불쾌한 경험마저도 최고의 얘깃거리가 되었다. 그러나 어쩌면 우리가 완전히 틀렸는지도 모른다. 어쩌면 누군가는 그리스의 영광과 로마의 위엄을 의심했는지 모르지 않은가!

# 제3장

# 1933년 우크라이나 일지

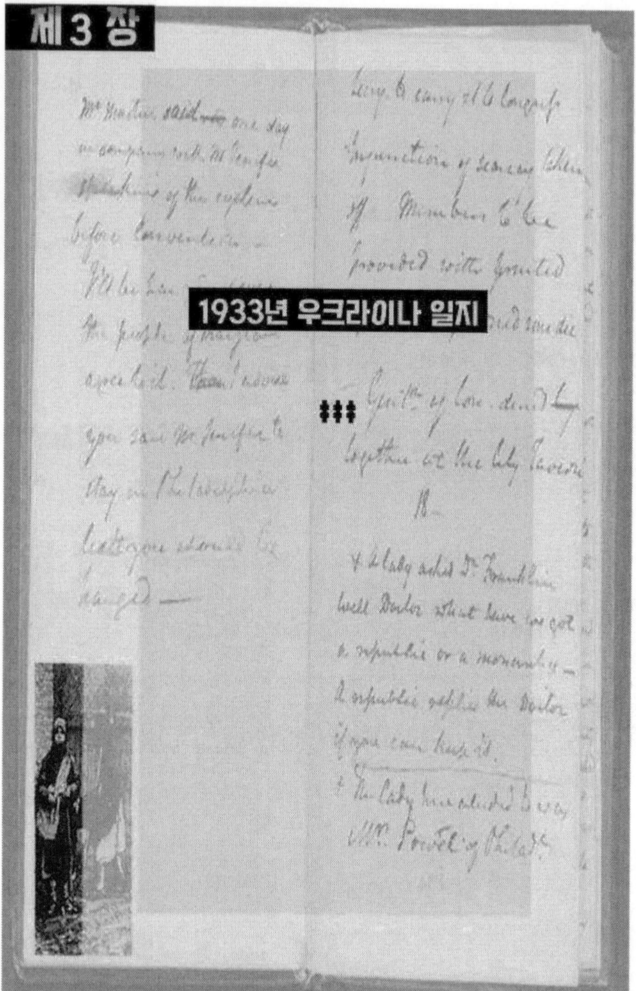

# 1933년 우크라이나 일지

## 3월 10일 우크라이나 행 열차에서

나는 작은 빵조각을 바닥에 떨어뜨렸고 그것을 주워 타구<sub>가래나 침을 뱉는 데 쓰던 그릇—옮긴이</sub>에 버렸다. 한 농민이 다가오더니 그 빵조각을 집어 들고 먹었다.

한 농촌 여성이 말했다. "많이들 죽어가고 있어요. 우린 굶주리고 있어요. 남아있는 소가 거의 없어요. 그들이 곡물을 죄다 가져가 버렸어요."

어느 우크라이나 농민이 말했다. "그들이 내 곡물을 가져갔어요. 소는 조금 남았고요. 하지만 원래는 많았어요."

한 집단농장 농민은 이렇게 말했다. "나는 12년 동안 당원이었어요. 모스코바에서 2,700명을 보냈어요. 가장 뛰어나고 강인한 사람들로요. 준군사조직이었죠. 우리는 쿨라크와 반대자들을 박살냈어요. 이 내전에 참전한 사람들을 모두 승진시키고 있어요. 선택된 엘리트들로 우리 중에서 60퍼센트가 고학력자랍니다." 그는 주먹을 불끈 쥐고 내리쳤다.

열차 차장의 말에 따르면 지금은 공장을 떠나기 어려워서 여객의 수가 더 적다고 했다. 그러나 곧 구여권 갱신 과정 때문에 모스크바를 떠나 남쪽으로 가는 사람들이 많아질 거라고 했다. 2달 전쯤에도 그런 승객이 크게 증가했었다고.

나는 한 남자(유대인이거나 미국인)에게 어디로 가는 중이냐고 물었다. 금니가 많았던 그는 이렇게 말했다. "일자리를 찾아서 레닌그라드를 떠나 하리코프로 가는 중입니다. 나는 투표권이 없어요. 내가 개인 장사꾼이라는 이유로 내 권리를 박탈해버렸거든요."

콤소몰 단원인 한 청년이 말했다. "지금은 아주 엄중한 상황이죠. 마을에서 사람들이 죽어가고 있어요. 벨고로드Belgorod에는 빵이 있다지만 거긴 도시잖아요. 한 여자는 비트근대와 사탕무 같은 근대류 식물—옮긴이 5개를 훔쳤다고 10년형을 받았어요. 만약 역에서 석탄을 훔쳐도 10년 감옥살이죠. 상황이 심각해요. 지금보다 나아지기는 할런지 모르겠어요."

한 무리의 여자 농민들과도 얘기를 나누었다. "우린 굶주리고 있어요. 두 달 동안 거의 빵을 먹어본 적이 없어요. 우리는 우크라이나 출신인데 북쪽으로 가려고 애쓰는 중이에요. 사람들이 마을에서 조용히 죽어가고 있어요. 콜호스는 끔찍해요. 집단농장에서 우리한테 배급표 한 장 주지 않으니 속수무책이죠. 돈으로는 빵을 살 수 없어요. 닭 한 마리가 20루블, 우유는 1리터에 3루블이고요."

나는 이번에는 오렌지 껍질을 타구에 버렸다. 한 농민이 그걸 들어 올리더니 입에 넣었다. 나중에 버린 사과씨도 마찬가지였다. 독일어를 하는 한 남자도 같은 애기를 했다. "영국에서 가서 말해줘요. 굶주림이 광범위하게 퍼졌다고. 그리고 우크라이나 사람들은 절망에 빠져 있으니 마을에 가면 조심하세요. 빵이 눈에 띄기라도 하면 무조건 움켜잡을 테니까."

열차 차장은 월급으로 67루블, 운행시(일일 기준) 흑빵 1파운드를 받는다고 했다. "밤낮으로 일해야 해요." 차장이 말했다.

콤소몰 청년 단원; "내가 이삼일 전에 떠나올 때 어머니와 이모들한테 남아있는 거라고는 두 컵 분량의 밀가루뿐이었어요."

1932-33년 대기근 당시 우크라이나의 한 열차 모습

# 1933년 3월 10일~11일

철로를 따라 도보로 흑토지대*를 지나 우크라이나로 들어가다

*흑토지대Chernozem, 우크라이나와 러시아 공화국 남서부에 있는 비옥한 스텝지대. 곡창지대로 유명했다—옮긴이

열차에서 내려 한 시간 가량 걸으면서 만나는 사람 모두와 대화를 나누었다. 모두 이구동성 똑같은 얘기를 했다.

콜호스가 있었다.

오두막 밖에 있는 아이들에게 신이 있느냐고 물어보았다. "신이요? 당연히 없죠. 신은 없어요."

길에서 만난 사람들에게 말을 걸었다. 해거름이 가까워지고 있었다. 한 남자가 말했다. "안 가는 게 좋을 거요.... 더 가면 깡패들이 당신 외투며 음식이며 모조리 빼앗을 거라고요."

한 콜호스의 회장은 그곳엔 종자가 충분하지만 남쪽에는 부족하다고 말했다. 토론이 자주 있었고 농민들은 이렇게 형편이 안 좋은 때가 없었다고 말했다. 회장은 쭈뼛거리면서 위대한 희생은 불가피하다고 말했다.

한 농민이 말했다. "레닌이 살아만 있었어도 형편이 좋았을 거야. 그는 무슨 일이 벌어질지 알고 있었어. 정책을 중단하고 바꿔버리는 통에 다음에 무슨 일이 벌어질지 우리가

무슨 재간으로 알겠나. 레닌이라면 일을 이렇게 난폭하게 처리하지 않았을 걸. 이런 식으로 하는 건 '아십카(ошиб ка, 잘못)'라고 말했을 거라고."

두 병사가 나타나서는 질문을 퍼부었다. "영국에선 부르주아가 노동자들을 짓밟고 있다죠? 시위자들한테 총을 쏜다고요? 영국이 공산주의자들을 감방에 잡아넣고, 소비에트 연방을 상대로 선전포고를 할 거라죠?"

그 적군 병사들이 다음날 아침에 또 와서 말했다. "밤에는 다니지 마세요. 무뢰배들이 너무 많아서.... 막돼먹은 자들이 먹을 것을 바라고 도적질을 할 겁니다."

아침 식사 후, 콜호스 회장의 처제가 대수학 수업을 진행했다. 공산당원들도 곡식이 없다는 걸 인식하고 인정했다.

나는 다시 철로를 따라 걸어가면서 만나는 사람들에게 말을 걸었다. 한 마을에 들어서니 젊은 노동자가 있었다. "실업률이 점점 높아지고 사람들을 가축처럼 취급해요. 어디서나 인원 감축이 일어나고 있어요. 나는 하리코프에서 일했어요. 그곳에서 그들은 수천 명을 해고했어요.

어떻게 살겠어요? 빵 500그램을 온 가족이 나눠 먹어야 해요. 여기 온지 얼마 되지 않았는데 이곳엔 먹을 게 없군요. 내 가족은 하리코프에 있어요. 가족이 살아남을지 알 수 없어요. 우리 모두 몸이 부어올라요. 이 마을에서만 쿨라크 오륙 가구가 시베리아로 추방됐어요. 북부 숲에서 나무를 베거나 아니면 무르만스크<sup>Мурманск, Murmansk: 러시아 서</sup><sup>북부 도시―옮긴이</sup>에서 철로를 놓겠죠."

솔로베츠키 군도에서 노역 중인 수용자들, 1924년

러시아 서북부 도시, 무르만스크 조감도 1936년

그러나 쿨라크 일부는 마을에 남아있는 다른 쿨라크보다 더 나은 생활을 한다고 했다. 마을에는 이제 빵이 없기 때문에.

"남쪽에선 인구의 20퍼센트가 굶어죽었어요. 어떤 곳에서는 50퍼센트가 죽었습니다. 그들은 우리를 죽이고 있는 겁니다. 월급을 주지 못하는 공장이 많아요."

점심에는 어느 교사와 식사를 함께 했다. 감자 수프, 아주 약간의 고기와 감자, 카샤<sup>Каша, 굵게 탄 메밀가루 또는 그 가루로 쑨 죽—옮긴이</sup>

"내 소유의 젖소가 있어요." 교사가 말했다. 그는 마르크스주의자였다. 그의 아내는 자식들이 신을 믿지 않는다고 말했다.

식사 후에 교사와 함께 집밖으로 나왔다. 한 농민이 교사를 향해 말했다. "먹을 게 없어요. 당신(교사를 향해서)은 일하지 않고도 많은 음식을 가져가잖아요. 이 마을에서 제일가는 쿨라크가 바로 당신이고, 나를 내 집에서 쫓아내려고 하는 것도 당신이죠."

나는 철로를 따라 계속 걸었다. 우크라이나를 향하여.


우크라이나. 얼마 후에 나는 접경을 지나 우크라이나로 들어갔다. 수염 기른 농민이 눈에 띄었다. 그는 두 발을 마대 만드는 삼베로 감싸고 있었다. 우리는 얘기를 나누기 시작했다. 나는 그에게 빵과 치즈 한 덩어리를 주었다.

"어디서도 20루블을 줘도 이걸 사지 못해요. 먹을 게 없으니까요."

우리는 계속 걸으면서 말했다.

"적백내전 전에는 여기가 온통 황금빛이었어요. 말, 소, 돼지, 닭까지 다 있었죠. 지금은 망했어요. 우린 죽게 될 거예요. 저 들판을 보세요. 황금 들판이었지만 지금은 저 잡초를 봐요. 저 잡초들은 눈을 뚫고 올라오죠.

내전 전에는 우리한테도 부츠며 고기며 버터가 있었어요. 우린 곡물 덕분에 세계에서도 가장 부자였죠. 우리 곡물로 전세계를 먹였으니까요. 그런데 지금은 그들이 전부 빼앗아갔어요.

사람들이 훔쳐간 것도 많아요. 나흘 전에는 내 말을 훔쳐 갔어요. 깡패들 짓이죠. 내 말이 끌려간 흔적을 보면 알아요. 말은 트랙터보다 낫죠. 트랙터는 움직이다가 멈추지만 말은 항상 움직이니까요. 트랙터는 거름을 주지 못하지만 말은 주죠. 봄에 파종을 어떻게 해야 할지.... 종자는 별로 없고 사람들은 너무 약해져 있으니까요. 우리 모두 골골하는데다 굶주리고 있어요. 겨울 파종도 좋지 않았고 겨울 경작도 좋지 않았어요."

그는 자신의 집으로 나를 이끌었다. 딸과 어린 아들 셋이 있었다. 둘째 아들과 막내는 몸이 부어 있었다.

"당신이 볼셰비키 혁명 전에 여기 들렀다면 우리는 닭이며 계란이며 우유는 물론 좋은 빵까지 대접할 수 있었을 텐데요. 지금은 집에 빵이 없군요. 그들이 우리를 죽이고 있어요. 사람들이 아사하고 있어요."

오두막에는 물레가 하나 있었는데, 농민의 딸이 내게 그걸 보여주면서 실을 어떻게 만드는지 알려주었다. 농민은 내게 집에서 만든 셔츠 한 벌과 마대 몇 자루를 보여주었다.

"그런데 볼셰비키가 이걸 망가뜨려 버렸어요. 그들은 공장에서 모든 걸 만들어내길 원하니까요."

농민은 아주 묽은 수프와 작은 감자 한 조각을 먹었다.

집에 빵은 없었다.

이 농민 가족은 모스크바의 토륵신에서 파는 흰 빵을 꿩장한 것으로 생각했다.

오두막에는 8개의 이콘이 있었다.

홀로도모르 사진1. 홀로도모르 사진으로 널리 알려진 하리코프의 소녀와 염소. 알렉산더 비너버거(Alexander Wieneberger, 오스트리아 출신의 화학 공학 기술자) 촬영. 이하 홀로도모르 사진(1~12번)은 동일인이 촬영한 사진임.

홀로도모르 사진2

홀로도모르 사진3

홀로도모르 사진4

홀로도모르 사진5

홀로도모르 사진6

홀로도모르 사진7

홀로도모르 사진8

홀로도모르 사진9

홀로도모르 사진10

홀로도모르 사진11

홀로도모르 사진12

6백만 명의 목숨을 앗아간 인위적인 기아, 홀로도모르를 다룬 《데일리 익스프레스Daily Express》 1934년 8월 6일자

## 기사 2

〈로스앤젤레스 이그재미너Los Angeles Examiner〉
〈뉴욕아메리칸New York American〉

1935년 1월 13일~14일

# 1. 빵이 없다

‡‡‡

# 2. 우크라이나 대기근

미스터 가레스 존스

# "빵이 없다"

---

가레스 존스, 한때 소련의 곡창이었던 우크라이나 그 전역에서 들려오는 굶주림의 절규를 듣다

---

그리고 들려오는 기아 희생자들의 또 다른 목소리

## "몸이 부어요"

---

이 기사는 로이드 조지 전 영국총리의 외교 고문을 지내고 현재 《맨체스터 가디언》에서 세계정세 관련 글을 쓰고 있는 가레스 존스의 소련 관련 기사 3회분 중에서 두 번째다. 그는 소련에서 레닌의 부인을 비롯해 리트비노프 외무위원장, 재정위원장 및 체육부 장관을 잇달아 면담했다. 이 기사에서 그는 한때 세계의 곡창지대로 알려졌던 우크라이나 북부 방문을 다룬다.

---

### 가레스 존스

로이드 조지의 외교 고문을 지냈고 현재 《맨체스터 가디언》의 초빙객원기자로 세계 탐방 중이다.

---

한때 유럽을 먹이고 세계의 곡창지대로 알려졌던 우크라이나 북부를 도보로 지나기 시작했을 때 주변엔 눈이 깊숙이 쌓여 있었다.

시골 한복판으로 들어갔다가 눈 속에서 길을 잃으면 되돌아올 수 없을 것 같아서 철로를 따라 걷기로 했다.

내가 처음들은 말은 불길한 것이었다. 철로를 따라 힘겹게 움직이던 한 늙은 아낙이 내가 인사를 건너자 이렇게 대답했기 때문이다. "흘레바 니에투(Hleba nietu, 빵이 없어요)."

"두 달 동안 빵을 구하지 못하고 있다오." 그녀는 대부분의 농민 아낙들처럼 거칠고 굵은 목소리로 울먹이면서 덧붙였다.

"마을에서 많이들 죽어가고 있어요. 일부 집에는 감자가 있지만 대다수에게는 소여물 밖에 남아있는 게 없죠. 그마저도 앞으로 한 달 겨우 버틸 정도만."

그녀는 멀어져갔고, 나는 그 자리에 서서 눈을 배경으로 뚜렷해지는 그녀의 굽고 흉하고 비극적인 뒷모습을 지켜보았다.

다음 마을에 도착해보니 주변에 을씨년스러운 적막감이 감 돌았고 한참이 지나도 살아있는 생물이 보이지 않았다.

**"모두가 부었어요."**

## 흔히 듣는 또 다른 불만

남자도 똑같은 불만을 토로했다. "빵이 없어요." 그리고 또 다른 말을 덧붙였는데, 나는 앞으로 그 말을 심심찮게 듣게 될 터다. "프세 포크흘리(Все пухли, 모두가 부었어요)."

그때 나는 농민 일부의 손이 부어 있는 것을 알아차렸는데, 그들은 그것이 영양실조의 결과라고 말했다.

계속 걸어가면서 소와 말이 보이지 않는다는 생각이 들었다. 두세 마리가 있긴 했으나 비쩍 마른 비참한 몰골에 끔찍한 염증과 고름으로 뒤덮여 있어서 차마 눈뜨고 보기 어려웠다.

다른 마을에 도착해서 소들이 어디로 사라졌는지 물었다. 내 질문은 한 튼튼한 오두막 밖에 서 있던 한 무리의 농민들에게 분노와 절망을 일으켰다.

"우리 소들한테 저주가 내렸어요. 우리가 먹이질 못하니 소들은 죽어가고 있어요. 우리가 어디서 여물을 구할 수 있겠소?"

"소를 살리자고 우리가 굶어죽어야 합니까? 요즘은 우리가 소여물을 먹어야 해요."

한 농민이 오두막 안으로 들어가더니 거칠고 딱딱한 비트 한 개를 가지고 나왔다.

"감자 몇 개나마 가지고 있는 운 좋은 사람들 몇몇을 제외하고 우리가 이 마을에서 구할 수 있는 유일한 식량이 바로 이거요. 이건 옛날에 소한테 주던 거란 말이오."

"세계를 먹이고 황금 곡물의 바다였던 우크라이나의 농민인 우리가 소여물 외에 먹을 것이 없다니 참 서글픈 날이죠."

"말들은요?" 내가 묻자 농민 몇 명이 무서운 표정으로 나를 쳐다보았다.

"우리가 말을 먹기라도 했다는 거요?"

그 어조에 어찌나 깊은 혐오감이 서려 있던지 나는 무척 난처해졌다. 나중에 알게 됐지만 정통파 유대교도가 돼지고기 섭취를 혐오했듯이 소련 농민들은 한때 말고기 만지는 걸 질색했다.

## 극한의 굶주림

그것은 한때 그가 타타르 인을 향해 말고기를 먹는 불경한 짓을 일삼는다고 멸시하면서 지었던 바로 그 혐오스러운 표정이었다.

이렇게 말고기를 먹어야하는 상황으로 몰린 것은 굶주림의 극단이 가까워졌다는 것이다. 내가 방문한 마을들은 이 극단까지 가 있었다.

1921년 기근과 마찬가지로 굶주림을 이기지 못해 인육을 먹는 일이 심심찮게 벌어졌다. 우크라이나 대기근 당시에도 한 촌락에서 아내를 죽여 그 인육을 굶주린 아이들에게 먹인 가장이 체포되었다는 기록이 있다. 비공식적으로는 더 광범위하게 행해졌을 것으로 추정된다—옮긴이

소의 80퍼센트 이상이 죽는 등 가축 상황이 정말 처참했다.

가축의 일부를 농민 스스로 대량 도살하기도 했다. 농민들의 가축을 집단농장의 공동 소유로 한다는 공산당의 요구 때문이었다.

"왜 우리의 소를 포기해야 하나? 왜 공산당이 우리가 가진 것을 훔쳐가게 내버려둬야 하나?" 이것이 농민들의 답이었고 자신들의 소를 빼앗기느니 차라리 죽이는 쪽을 택했다. "오늘은 먹자. 내일은 소가 없어서 굶더라도."

말과 소에 관해 이야기를 나눈 뒤에 계속 걷는 동안 점점 어두워졌고 흰 지평선 위로 노을이 졌다. 두 남자가 철로에 서 있었다.

"더 가지 마시오." 둘 중에서 키가 크고 건장한 청년이 나를 정중히 막아서면서 말했다. "주변에 강도들이 있어서 당신이 가진 것을 전부 뺏어갈 겁니다."

"우리랑 가서 함께 있어요." 그들은 나를 데리고 한 오두막으로 갔는데, 그곳의 침대에서 배가 부어오른 한 아이가 기어 다니는 게 보였다.

아이의 눈이 이상했다. 눈에 유리 막 같은 이물질이 끼어 있는 것 같았다.

내가 그 집에 있던 여자에게 아이의 어디가 안 좋으냐고 묻자, 그녀의 대답은 한 단어였다. "골라트(Голод)"'굶주림'이라는 의미—옮긴이

## 아사자 수를 집계하지 않는다

그랬다. 기아는 그 지역 일대에서와 마찬가지로 그 마을에서도 맹위를 떨치고 있었다.

"기아!" 그 황량한 오두막에서 나이든 사람들이 내게 말을 하려고 모여들었다. "기아요. 1921년보다 더 나빠요."

"몇 명이나 죽었냐고? 몰라요. 세질 않으니까. 하지만 열에 하나는 죽었을 거요."

"머잖아 이 마을 사람 중에서 많이 죽어나갈 테죠. 다음 추수까지 아직 몇 달이 더 남았으니까."

나는 그 늙은 농민들에게 말했다. "여러분에게 이런 재앙이 닥친 이유가 뭔가요?"

한 남자가 수염을 만지작거리고 머리를 긁적이더니 이렇게 대답했다. "공산당이 신을 욕보여서죠. 그들이 우리한테서 신을 없애려고 하니까 그 벌로 죽음이 내린 거죠. 소련이 신을 믿었을 때 들녘은 황금빛으로 가득했고 말과 소는

새끼를 많이 쳤죠. 허나 지금은 나쁜 것을 설파해온 악마와 신성모독에 대한 응징이 벌어지고 있소."

한 노인이 끼어들었다. "우리 집에 걸어둔 이콘들을 그들이 가져가려고 하기에 내가 이랬어. '이콘들은 남겨두시오. 나는 농민이지 개가 아니니까.'"

1921년~22년의 기근으로 굶주린 아이

1921년의 기근으로 굶주린 아이들

1921년 아사자들

## 쾌활한 붉은 기병

밤이 되면서 공산당이 농민들로부터 땅과 곡물과 소를 몰수하는 정책으로 어떻게 농촌지역을 피폐화시켰는지 얘기가 계속되었고, 나는 기아에 시름하는 그 마을 한복판에서 잠이 들었다.

다음날 아침 노크 소리에 이어서 방한 군복을 입은 두 명의 적군 병사가 집안으로 들어와 웃으면서 농담을 했다. "동무, 놀라지 마시오. 절도범 둘이 여기에 왔다고 해서 잡으러 온 겁니다."

며칠 전에 먹을 것을 찾아다니던 두 남자가 한 농민의 헛간에서 감자를 모두 훔쳐갔다. 시끄러운 소리를 들은 농민은 감자를 지키려고 뛰쳐나갔다가 그만 칼에 찔려 치명상을 입었다.

"그런데 먹을 게 없는 요즘에는 이런 일이 너무 많습니다." 병사 한 명이 말했다. 두 병사는 집주인에게 몇 가지 묻고는 자리를 떴다.

## 먹먹한 사연들

병사들이 떠난 뒤 나도 한 시간 안에 떠날 채비를 끝내고 더 남쪽을 향해 출발했다. 집집마다 농민들은 소련인 특유의 다정함으로 나를 반겨주었고 대접할 음식이 없다며 용서를 구했다. 나는 팔다리가 뒤틀려있는 아이들을 보면서 이 나라를 유린하고 있는 "인간이 만든 기아*"의 비극을 느꼈다. *"인간이 만든 기아man-made famine"라는 말을 가레스 존스가 처음 사용했다는 설이 있다. 다만 같은 의미의 "famine man-made"는 그 전에도 사용된 적이 있다—옮긴이

"우리를 불쌍하게 생각하지 말아요." 농민 일부는 이렇게 말하곤 했다. "저 아래 폴타바Poltava, 우크라이나 동부 도시—옮긴이와 더 남쪽에 사는 사람들을 불쌍히 여겨주세요. 그쪽의 마을들은 텅 비어 있어요. 모두 죽었으니까요. 마을 사람 절반이 죽은 곳도 많아요."

그러나 내 입장에서는 당장 눈앞의 마을들도 가엾기 그지없었다. 며칠 지나지 않아서 기아가 어떻게 발생했는지, 어린 자식들을 위해 음식을 구하려는 부모들을 공산당이 어떻게 대했는지 하리코프 같은 대도시마저 왜 기아를 피하지 못했는지 알게 되었다. 이것은 다음 회에 말하겠다.

폴타바의 기병, 1932년

# 공산당이 농민의 굶주림을 방조하고 있다
# 우크라이나의 대도시에서마저 발견되는 기아

이 기사는 로이드 조지 전 영국총리의 외교 고문을 지내고 현재 《맨체스터 가디언》에서 세계정세 관련 글을 쓰고 있는 가레스 존스의 소련 관련 기사 3회분 중에서 세 번째다. 그는 소비에트 연방에서 레닌의 부인을 비롯해 리트비노프 외무위원장, 재정위원장 및 체육부 장관을 잇달아 면담했다. 이 기사에서 그는 우크라이나 시골지역의 묘사를 마치고 하리코프에서도 접한 기아를 전한다.

---

### 가레스 존스

로이드 조지의 외교 고문을 지냈고 현재 《맨체스터 가디언》의 초빙객원기자로 세계 탐방 중이다.

---

"공산당원이 와서 우리 땅을 몰수했고 소들을 빼앗아갔어요. 그리고 우리를 거의 모든 것을 공유하는 농장에서 일하는 농노처럼 만들었어요." 이렇게 말을 하는 동안 우크라이나 농민 무리의 눈은 분노로 이글거렸다. "그리고 그들이 저항하는 사람들에게 무슨 짓을 했는지 알아요? 무자비하게

총질을 했어요."

나는 터벅터벅 걸어온 그 차가운 철로를 따라 더 남쪽, 기아에 유린당한 또 다른 마을의 소식을 듣고 있었다. 이번 이야기는 마을에서 벌어지는 실제 전쟁에 관한 것이다.

농민들은 내게 각 마을에서 가장 근면한 사람들―쿨라크로 불리는 집단―이 체포되고 그들의 땅, 가축, 집이 몰수된 이야기를 들려주었다. 그들은 가축운반차에 실려서 수천 킬로미터 거리를 거의 먹지도 못한 채 이동하여 북부 숲에 도착하고 그곳에서 정치범처럼 벌목 노동을 해야 했다.

독일인 이주민이 사는 한 마을―티끌 하나 없이 어찌나 깨끗하고 잘 관리된 곳이던지!―에서 사람들은 열차들이 울부짖는 농민과 그 가족들을 가득 싣고 그 지역을 떠났다고 말했다.

무자비한 비밀경찰과 군대―원래는 농민들의 근면한 노동을 유도하기 위해 창설된 조직―의 포로가 되어 집에서 멀리 쫓겨 간 이 부유했던 농민들은 온종일부터 밤늦게까지 열심히 일한 것이 유일한 죄였고 다른 농민들보다 조금 더 많은 땅을 소유했고 한두 마리 더 많은 소를 가지고 있었을 뿐이다.

### 90명의 어린이가 열차에서 죽다

몇 달 후에 추방된 해외이주민들에 관한 소식이 마을에 전해졌다. "90명의 어린이가 시베리아 행 열차에서 굶주림과 병으로 죽었다."

나와 얘기를 나눈 공산당원들은 그들이 가장 근면한 농민들을 매몰차게 추방했음을 부인하지 않았다. 부인하기는커녕 오히려 그것을 자랑스러워했고 원래 자기 땅을 가지고 싶어 하는 그 사람들에게 연민을 보여주었다고 으스대기도 했다.

"우리는 강해야 하고 노동자의 가증스러운 적들을 박살내야 합니다." 공산당원들은 내게 이렇게 말하곤 했다. "그자들이 고통 받도록 내버려둬요. 우리 사회에 그자들을 위한 자리는 없으니까요."

그들은 여러 마을에서 자행된 총격에 대해서도 부인하지 않았다.

"만약 여름밤에 농장에 들어가 이삭 한 알이라도 주웠다가는 남녀노소 막론하고 법에 따른 처벌로 총살에 처해집니다." 공산당원들은 내게 이렇게 설명했다.

농민들은 그 말이 사실임을 확인해 주었다.

소비에트에서 제일 중범죄는 사회화된 재산을 취하는 것이고, 살인은 자본주의 양육의 한낱 유물로 치부되어 자식을 먹이기 위하여 밤에 농장에서 낟알을 주운 어머니의 죄에 비교해 심각하지 않다고 본다.

어머니를 고발하라
그가 영웅이다!


한 아이가 밤에 밀을 뽑았다는 이유로 자신의 어머니를 비밀경찰에 고발함으로써 소비에트 전역에서 대단한 영웅이 되었다.

이 아이는 전국의 모든 학교에서 국가를 위하여 자신의 어머니를 고발할 정도로 고귀하다는 찬사를 받았다.

터벅터벅! 걷고 또 걷는다! 이 마을에서 저 마을로 모든 소식에 귀 기울이면서 나는 계속 걸었다. 어디를 가나 굶주림과 공포, 똑같은 얘기다.

한 마을에서 쉬쉬하면서 들려온 말에 따르면 수 킬로미터 떨어진 모처에선 농민들이 소를 내놓는 것도 집단농장을 만드는 것도 거부했다고 한다.

"그래서 당에서 그 농민들을 압박하려고 붉은 군대를 보냈답니다." 사람들이 내게 말했다. "하지만 병사들은 동료 농민들에게 총질을 하려고 들지 않았지요."

"그러면 어쨌냐고요? 그들은 청년 공산당원들을 불러들였죠. 그리고 청년 공산당원들은 토지와 소를 포기하지 않는 농민들을 전부 총살했고요."

소비에트 전역에서 이런 식의 작은 반란들이 일어났으나

쉽게 또 살벌하게 진압되었다.

소비에트 피오니에르의 영웅 파블리크 모로조프(Pavlik Morozov) 1932년 공산당 몰래 먹을 것을 숨겼다며 아버지를 고발했다가 아버지가 처형되자 다른 가족에 의해 피살되어 영웅이 된 13세 소년. 그러나 선전 도구로 이용하기 위해 대부분 날조된 얘기라는 설이 제기되고 있다.

철길의 자갈과 돌과 얼음 위를 걷다보니 신발이 점점 닳았고 한걸음 옮길 때마다 딱딱해진 눈이나 돌멩이가 신발 밑창을 통해 좀처럼 익숙해지지 않는 차가운 둔통을 밀어

올렸다.

파블리크 모조로프라고 알려진 유일한 사진(두 번째 줄 중앙)

그래도 문제를 해결하고픈 열망으로 마음이 들떠 있었다. 세계에서도 가장 풍부한 밀 재배지 중 한 곳에서 기아가 발생한 이유는 무엇인가? "파체무 골라트?"(Почему голод?, 왜 기아가 있나?)

기아는 자연의 잘못이 아니다

농민들이 대답했다. "자연의 잘못이 아니오. 공산당의 잘못이지."

"그들은 우리 농지를 빼앗아갔어요. 농지도 없는데 우리가 왜 일을 해야 하죠?"

"그들이 우리 소를 가져갔어요. 우리 소도 없는데다 마을의 주정뱅이, 게으름뱅이들과도 우리의 것을 나누어야하는데 왜 일을 해야 하느냐 말이오? 그들은 우리 밀을 가져갔어요. 밀을 빼앗아갈 것을 뻔히 알면서 왜 일을 해야 하냔 말이오?"

"공산당은 우리를 농노로 바꾸어 놓았습니다. 우리는 우리의 땅과 우리의 소와 우리의 밀을 되찾을 때까지 행복해질 수 없습니다."

그런데 갑자기 내 탐사 여정이 중단되었다. 그 일은 내가 한 작은 역에서 농민들과 이야기를 나누고 있는 동안 벌어졌다.

"우리는 죽어가고 있어요." 농민들은 울부짖으며 비참한 현실을 쏟아냈다. 그때 제복을 입은 뚱뚱한 오게페(OGPU, 통합국가정치보안부) 경찰 한 명이 얼굴을 붉히며 다가오더니 말없이 서서 잠시 귀를 기울였다.

이윽고 그의 입에서 소련어로 욕설이 튀어나왔다. "너, 꺼져! 저 사람한테 배고프다는 말 하지 마! 저 사람 외국인인거 몰라?"

그는 나를 향해 돌아서서 노기등등하게 말했다. "이리 와 봐요. 여기서 뭐하는 거요? 여권 좀 봅시다."

## 기쁜 안티클라이맥스

비밀경찰감옥의 모습이 눈앞을 스쳐갔다. 그 오게페 소속 경찰은 내 여권을 살펴보고는 인파 중에 한 남자 그러니까 내가 일반 승객이라고 생각한―그러나 이제 보니 비밀경찰 이 분명한―남자에게 손짓을 해보였다.

그 남자가 내게 다가오더니 아주 정중하고 공손한 말투로 자기를 따라오라고 말했다. "당신을 가장 가까운 도시, 하리 코프로 데려가야 합니다."

그 순간 열차가 도착했고 우리는 승차했다.

가는 동안 나는 레닌의 부인, 많은 중앙위원, 소비에트 정 부의 거물들을 인터뷰했다는 사실로 그에게 강한 인상을 심 어주었다. 하리코프에 도착할 무렵에는 그가 나를 실제로 체포했다가는 소련, 유럽, 미국까지 세계전쟁에 뛰어들지 모 른다고 확신하는 것 같았다.

그가 나를 데려가기로 결심한 곳이 하리코프의 한 영사관 이었으니 말이다. 그는 나를 영사관 문 앞에 놔두고 돌아섰 는데, 나는 자유로워진 기쁨 속에서 그에게 정중한 작별 인 사를 건넸다. 시작에 비해 시시한 결말이지만 나로서는 더

없이 다행이었다.

마을 곳곳을 탐방하는 일정은 이 시점에서 끝이 났고, 우크라이나의 주요 도시인 그곳에서 내가 본 모든 것들이 소련의 기아 상황에 대한 내 생각을 확인시켜 주었다.

거리마다 굶주림 끝에 먹을 것을 찾아서 전국의 농촌을 떠나 도시로 모여든 농민 거지들이 있었다. 그들의 핏기 없는 자녀들이 손을 뻗고 울먹였다. "아저씨 빵 좀 주세요!"

나는 공장에서 해고됐다는 노동자들과도 얘기를 나누었다. 일감을 줄이고 있는 공장들에서 해고된 노동자들은 빵 배급표까지 빼앗기고 도시를 떠나라는 명령을 받았다고 한다.

빵을 받기 위하여 심신이 피폐해진 사람들이 천 명 넘게 줄을 서 있는 광경도 보였다.

"두 시간 가까이 여기서 기다리고 있답니다." 줄을 서 있던 여자 한 명이 내게 말했다. "아마 순서가 오기 전에 빵이 동날 거예요."

또 다른 거리에서는 경찰이 한 상점 밖에서 배급 줄을 서 있던 누더기 차림의 군중을 쫓아내고 있었다.

"빵을 줘요." 군중이 소리쳤다.

"빵이 다 동났소." 경찰이 고함쳤으나 군중은 계속해서 희망을 포기하려 하지 않았다.


수많은 노숙아들

가장 비참한 광경은 지저분한 누더기 옷을 입고서 거리 인근을 떠도는 집 없는 아이들이었다. 아이들의 몸은 질병으로 인한 종기와 짓무름으로 뒤덮여 있었고, 그 표정들이 마치 타락한 범죄자로 보였다.

이런 아이들 300명이 기차역에 모여서 진을 쳤고, 나는 어느 창문을 통하여 그들을 훑어보다가 심각한 발진티푸스로 맨바닥에 누워 있는 아이들을 발견했다.

그 아이들은 내가 직접 목격한 소비에트 정권의 결과물 중에 일부였다.

이런 상황에서 대중의 마음에 반란의도가 있고 공산당 내부에 반대음모가 있다고 하여 이상하게 생각할 것인가?

견고한 기반의 이 스탈린 정권을 전복하기엔 반대세력이 너무 미약하다. 그럼에도 불구하고 내가 우크라이나에서 목격한 장면들로 대변되는 소련인 다수의 환멸과 절망은 스탈린이 이번 크리스마스와 새해를 맞아 소비에트 땅에 새로운 공포 통치를 도입할 수밖에 없는 진짜 이유다.

# 제 5 장

# 짧지만 강렬한 저널리즘의 표상

### ✝✝✝

## 가레스 존스의 생애

# 짧지만 강렬한 저널리즘의 표상

## 가레스 존스의 생애

가레스 리처드 본 존스<sup>Gareth Richard Vaughan Jones, 1905~1935</sup>는 1905년 웨일스의 동남부의 글러모건<sup>Glamorgan</sup>, 배리<sup>Barry</sup>에서 태어났다. 에버리스트위스<sup>Aberystwyth, 웨일스 동부 도시</sup>대학과 캠브리지 대학에서 불어, 독일어, 러시아어 1등급 학위<sup>first-class honours</sup>를 받았다. 영어를 포함 4개 국어를 유창하게 구사하는 뛰어난 언어능력 덕분에 빠르게 외교 분야로 진출했다.

특히 소련에 관한 관심과 애정이 남달랐던 데는 어머니의 영향이 컸던 것으로 알려졌다. 그의 어머니 애니 그웬 존스

Annie Gwen Jones는 1889년에서 1892년까지 우크라이나의 도네츠크Донецьк, Donetsk에서 아서 휴즈 가족의 가정교사로 지냈고, 그때 이야기를 어린 존스에게 자주 들려주었다. 아서 휴즈는 웨일스 출신의 철강업자이자 도네츠크의 토대를 놓은 존 휴즈John Hughes의 아들이었다.

가레스 존스의 어머니가 머물렀던 시기의 도네츠크 중심가 시장 모습, 1887년

1929년 캠브리지 대학을 졸업한 직후 잠시 모교에서 언어를 가르쳤고, 이듬해인 1930년 영국의 전 총리이자 의회 의원인 데이비드 로이드 조지의 외교 고문으로 고용됐다. 같은 해 여름 우크라이나의 도네츠를 처음 방문했다. 그는 1929년부터 이미 프리랜서 기자로도 활동을 하고 있었다.

영국의 전총리 데이비드 로이드 조지, 1922년

1931년 가레스 존스는 미국의 홍보전문가 아이비 리<sup>Ivy</sup>

Ledbetter Lee로부터 소련 관련 도서 출간을 목적으로 일자리를 제안 받았다. 같은 해 그는 잭 하인즈Jack John Heinz II, 케첩 등으로 유명한 식료품사 하인즈 창업자의 손자로 나중에 이 회사 CEO를 지냈다—옮긴이과 함께 소비에트 연방을 방문했고 여정 말미에 우크라이나에 들렀다.

이 방문에서 가레스 존스는 일지를 작성했고, 잭 하인즈는 이것을 익명으로 출간했다. 『1931년 소련 일지 Experiences in Russia 1931. A Diary』로 출간된 일지는 익명의 저자가 통역이자 번역자 가레스 존스의 시점을 대신 전달하는 방식을 취하고 있다. 이 일지를 보면 1931년과 그 이전부터 이미 농업 집단화의 결과로 굶주림과 아사자가 적잖이 등장하는 등 대기근의 전조가 분명함을 여실히 보여주고 있다. 이 일지는 본 번역서에서 가레스 존스의 기사와 함께 한 축을 구성하고 있다.

경제침체로 미국의 아이비 리 홍보사를 떠나야했던 가레스 존스는 데이비드 로이드 조지의 참모진에 다시 합류했다. 이 시기에 로이드 조지 전 영국총리의 전쟁회고록 집필을 도운 것으로 알려졌다.

1932년 가을 스탈린 치하의 소비에트 연방에서 기아가 발생했다는 소문이 돌자 가레스 존스는 다시 한 번 소련을 방문하기로 결심했다. 그에 앞서서 히틀러가 독일 총리에 취임한 1933년 1월 30일 가레스 존스는 라이프치히에 체류 중이었고 며칠 뒤 프랑크푸르트로 가는 비행기 내에서 히틀러와 면담한 것으로 유명해졌다. 당시 기내에는 히틀러 뿐 아니라 괴벨스도 있었는데 이로써 존스는 이들과 함께 한 최초의 외국 언론인이 되었다. 그가 좀처럼 접근하기 어려운 히틀러와 지근거리에 있었다는 점 때문에 나치와의 관련성을 의심받기도 했다.

1930년 여름 3주, 1931년 여름 한 달에 이어 1933년 3월 가레스 존스는 세 번째이자 마지막으로 소비에트 연방과 우크라이나 방문을 시작했다. 기아에 관한 소문을 직접 취재하기 위함이었다. 이번에도 일지를 기록하는데, 비밀경찰의 감시 하에 출입이 제한된 우크라이나를 비밀리에 도보로 탐사하기에 앞서 영국의 저명한 언론인 맬컴 머거리지 Malcolm Muggeridge)를 만난 일도 이 일지에 언급된다.

1930년 첫 방문 후에는 《더 타임스》에 3편, 두 번째 방문 후에도 같은 신문에 기사를 게재했지만 이때까지는 익명이었다. 마지막 방문에서 3월 29일 베를린으로 돌아온 이후에는 본격적으로 소련과 우크라이나의 기근을 알리기 시작했다. 1933년 3월 29일 그의 유명한 기사를 타전하고 이는 《뉴욕 이브닝》, 《뉴욕 이브닝 포스》, 《맨체스터 가디언》을 포함하여 미국과 영국 언론매체에 실린다.

나는 걸어서 마을들과 12개의 집단농장을 지났다. 사방에서 절규가 들려왔다. "빵이 없어요. 우리는 죽어가고 있어요." 이 울부짖음은 볼가 강 유역, 시베리아, 벨라루스, 캅카스 북부, 중앙아시아 등 소비에트 연방 전역에서 울렸다. 나는 한때 소련에서 가장 비옥한 곡창지대였으나 지금은 무슨 일이 벌어지는지 확인하려는 기자들의 출입을 통제하는 흑토지대를 걸어갔다.

이후 가레스 존스가 목격한 기아의 참상은 충격적이고도 뼈아픈 것이었다. 그럼에도 3월 31일, 한해 전에 소련 관련 기사로 퓰리처상을 수상한 《뉴욕 타임스》의 소련 주재 특파원 월터 듀란티는 「소련인은 굶주리고 있지만 굶어 죽고 있지는 않다」는 제하의 기사를 통하여 기아를 부인했다. 이는 월터 듀란티의 퓰리처상을 취소해야 한다는 비난과 함께 오랫동안 큰 논란을 일으켰고, 1990년 결국 《뉴욕 타임스》는 당시 기아를 부인한 기사는 자사 역사상 최악의 보도였다고 시인했다.

"미스터 존스(Mr. Jones)는 예리하고 민첩한 두뇌의 소유자고 일부러 배운 소련어를 상당히 유창하게 구사한다. 그러나 필자는 존스 씨의 판단이 성급하다고 생각했고 그에게 근거가 무엇이냐고 물었다." _소련의 기아를 부인하는 듀란티의 기사 일부

같은 5월 13일 《뉴욕 타임스》는 듀란티 기사에 대한 가

레스 존스의 반박문을 게재했다.


(중략) 나는 소비에트 연방이 심각한 기아를 겪고 있다는 내 진술을 견지한다. 소련의 일부 작은 지역만 다녀보고 이런 결론을 내렸다면 그건 우둔하다 할 것이다. 미스터 듀란티에게 내가 소련을 방문한 것이 세 차례고, 대학 4년 동안 소련어와 역사를 열심히 공부했으며 이번에만 우크라이나, 흑토지대, 모스크바 지역을 포함하여 20곳의 마을을 방문했고 마을에서 마을로 빠르게 이동한 것이 아니라 농민들의 집에서 그들과 함께 잠을 잤다는 것을 상기시켜야겠다.

첫 증거는 외국인 관찰자들로부터 입수한 것이다. 듀란티 씨는 영사들을 끌어들였는데, 나로서는 꺼리직한 일이다. 영사들은 각 나라의 공식적인 대표자들이기에 그들의 말을 인용해서는 안 된다고 생각하기 때문이다. 그러나 만약에 이삼십 명의 영사들, 여러 나라의 외교관들과 소련 상황을 토론해 본다면 그들은 내 견해를 지지해줄 것이다. 그러나 그들은 언론에 공식적인 견해를 표현하는 것이 허가되지 않기에 침묵하고 있는 것이다.

반면에 저널리스트들은 기사를 쓰는 게 허가되어 있으나, 검열은 그들을 완곡어법과 절제된 표현의 대가로 만들고 있다. 그 결과 저널리스트들은 "기아"라는 표현 대신에 "식량 부족"으로, "아사"를 "영양실조로 인한 질병으로 광범위한 사망"(듀란티가 기아를 부인하면서 쓴 표현)으로 얼버무리고 있다. 영사들도 사적인 대화에서는 침묵을 지키고만 있지 않다. (이하 생략)

가레스 존스는 1933년 6월까지 계속해서 영국과 미국 언론을 통해 많은 기사를 게재했다. 그 결과 소비에트 연방의 외무인민위원 막심 리트비노프는 존스를 스파이라고 비난했다. 로이드 조지의 전폭적인 신임을 받으며 소련에서도 환대를 받았던 그가 갑자기 적대시된 계기는 당연히 기아 관련 기사였다. 소련 방문 과정에서 존스와 인터뷰를 하기도 했던 리트비노프 역시 로이드 조지에게 보낸 개인 서한에서 존스는 앞으로 소비에트 연방에 입국할 수 없다고 알렸는데, 소련의 문학과 역사, 언어를 공부했고 큰 애정을 가졌던 존스가 적잖이 낙담했다고 한다.

막심 리트비노프(Maxim Litvinov), 1932년

고향 배리로 돌아와 《웨스턴 메일》의 기자로 일한지 몇 개월 지나지 않아서 가레스 존스는 이번엔 일본의 움직임에 촉각을 세웠다. 그 자신과 서구에 수수께끼나 다름없는 극동 문제 특히 중국 북부와 만주국에서 진행 중인 일본의 세력 확장의 의도가 궁금해졌다. 1934년 말 영국을 떠나 일본에 도착한 그는 5~6주간 체류하면서 주요 장성들과 정치 지도자들을 인터뷰하면서 일본의 저의에 대해 당혹스러운 질문들을 던지기도 했다.

일본에서 다시 여러 나라를 거쳐 중국에 도착했고 그곳에서 독일 언론인 헤르베르트 뮐러Herbert Muller)를 만나 함께 내몽고로 들어갔다. 그러나 만주국에 집결 중인 일본군의 심상찮은 움직임에서 위험을 감지한 존스는 중국으로 돌아가는 길 중에서 가장 안전하다는 경로를 택해 발길을 돌리지만 오히려 강도단에게 붙잡히고 만다. 그들은 몸값을 요구했고 이 과정에서 독일인 뮐러는 이틀 만에 풀려난 반면 가레스 존스는 계속 억류된다.

납치범들은 몸값을 올리고 장소도 계속 바꿔가지만 존스가 무난히 풀려날 거라는 예상이 컸다. 그랬던 만큼 《더 타임스》가 1935년 8월 17일 중국 당국에서 존스의 시신을 발견했으며 총살된 시점이 8월 12일이라고 보도했을 때 모두의 충격이 컸다. 뚜렷한 이유 없이 존스만 살해된 석연찮은 상황 때문에 그의 죽음은 오랫동안 의혹과 논란을 증폭

시켰다. 그에게 일본군과 소련의 비밀경찰 엔카베데<sup>NKVD, 내</sup> <sup>무인민위원회</sup> 둘 중에 하나가 강도단에게 정보를 흘리고 획책했다는 의혹이 계속되었다. 소련과의 관계를 보면 아무래도 엔카베데의 배후설에 무게가 실리기도 한다.

그가 예기치 못한 비운의 죽음을 맞은 것은 공교롭게도 1935년 8월 11일 서른 살의 생일을 하루 앞둔 시점이었다.

그는 현재 우크라이나에서 국민 영웅으로 존경받고 있다고 한다.


"존스 씨는 문제가 불거진 외국 땅에서 무슨 일이 벌어지고 있는 알아내려는 열정을 가지고 있었지요. 그리고 조사를 하면서 위험에 굴하지 않을 사람입니다. 나는 늘 그가 너무 많은 위험을 무릅쓸까봐 걱정했습니다. 그 어떤 것도 그의 관찰을 비껴가지 않았고, 그는 얻을 수 있는 사실이 있다고 생각하면 그 어떤 장애물에도 발길을 돌리지 않았습니다. 그는 중요한 사안의 핵심을 포착하는데 거의 실패하지 않는 능력을 가지고 있었지요."

_영국의 전 총리 로이드 조지

❖ 번역 참고 사항

-이 번역서는 가레스 존스의 홀로도모르 관련 기사, 1931년 및 1933년 소련-우크라이나 방문 일지를 취합해 내용이 중복되지 않게 임의로 선별하여 구성했다.

-원문에 포함되지 않은 추가 이미지는 Wikimedia Commons에서 가져왔다.

❖ 참고한 책

Otten, Rivka. 『Gareth Jones: Reviled and Forgotten』. Leiden University, 2019.

❖ 참고한 사이트

http://garethjones.org
http://artukraine.com/famineart/jones4.htm
http://library.wales/garethvaughanjones
그밖에 《The Times》, 《The New York Times》, 《The Guardian》, 《The Manchester Guardian》, 《The Western Mail》등에 실린 가레스 존스의 홀로도모르 관련 기사.

**홀로도모르 리포트**
우크라이나 대기근 최초 보도

발　행 | 2021년 1월 31일
저　자 | 가레스 존스
역　자 | 정탄
**펴낸이** | 정진영
**펴낸곳** | 아라한

**출판사등록** | 2010년 7월 29일 제396-2010-000096호
**지구라트**

전　화 | 070-7136-7477
팩　스 | 0504-007-7477
이메일 | arahanbook@naver.com

ISBN | 979-11-90974-20-2　03900